ARCHE

KRISTINE BILKAU

WASSERZEITEN

Über das Schwimmen

ARCHE

ISBN 978-3-7160-2819-3

Originalausgabe
5. Auflage 2026

Umschlaggestaltung: Nicole Pfeiffer, Hamburg, unter Verwendung
eines Motivs von © Benjamin Anderson 2022 All Rights Reserved.

Gesetzt aus der Dante MT
Satz: Pinkuin Satz und Datentechnik, Berlin
Druck und Bindung: CPI books GmbH, Leck
Printed in Germany
GPSR (General Product Safety Regulation)-Kontakt:
W1-Verlage GmbH, Dorotheenstraße 64, 22301 Hamburg,
gpsr@w1-verlage.de

www.arche-verlag.de
Instagram: @arche_verlag

Niemand wird es je erfahren, aber jetzt werden sie geboren, von der Luft ins Wasser, freiwillig ausgestoßen aus ihrer vertikalen Lage und ihrem Alter. Eine Sekunde lang kehren sie die Ordnung der Dinge um, vielleicht fliegen irgendwo Vögel rückwärts, fließt ein Fluss plötzlich wieder zu seiner Quelle. So ahnen sie es alle zusammen und jeder in seiner Sprache.

Mariette Navarro, *Über die See*

INHALT

Dimensionen 9

Anfänge, Chlorwasser und Erinnerungen 15

Erneuerung 27

Miteinander 37

Diese schrecklich schöne Kälte 49

Verwandlungen 59

Etwas Neues lernen 67

Ausdauer, Schwimmen, Schreiben 77

Wertschätzung 85

Teilhabe 93

Ortserkundungen 107

Das Geheimnis 115

Literatur und Quellennachweise 121

DIMENSIONEN

Es gibt auf Bornholm eine Felsenbucht, wie ein von der Natur geformtes Becken zum Schwimmen, mit einer Leiter und einem Sprungturm. Die Stelle ist eigentlich nicht besonders spektakulär. Eine Wiese aus meist trockenem Gras mit etwas aufgeschüttetem Sand, eine Holzbude mit Kiosk und Café, ein naher Campingplatz, ein schmaler Weg aus Beton zum Wasser, an dessen Ende das Turmgestell. Und drumherum die von gelblichem Moos überwachsenen niedrigen Felsen. Doch die Bucht gehört für mich zu einem der schönsten Schwimmorte, die ich kenne. Wenn ich an die Momente denke, die ich dort verbracht habe, wird in mir sofort Sehnsucht wach.

Es war für uns der zweite oder dritte Sommer auf der Insel, als wir durch Zufall bei einem Spaziergang durch die nahe Hafenstadt zu der kleinen Bucht kamen. Sie verbirgt sich hinter einem Leuchtturm. Ein kühler, windiger Tag, wir trugen Pullover und Regenjacken. Das Meer war aufgewühlt und schwappte über die Felsen, die Gischt spritzte. Hin und wieder überspülte eine hohe Welle den Betonweg mit dem Sprungturm, man musste vorsichtig sein, nicht auszurutschen oder nass zu werden. Kinder wurden an die Hand genommen und von den Felsen ferngehalten. Die Bucht wirkte rau und unzugänglich, ich konnte mir kaum vorstellen, wie man vom Turm springen würde, ohne dass man vom schäumenden, grauen Wasser nicht einfach verschluckt würde. Ging hier überhaupt je wirklich jemand schwimmen?

Als wir an einem anderen Tag wieder in der Hafenstadt waren, zog es mich noch einmal an die Stelle hinter dem Leuchtturm. Die Sonne schien, der Wind hatte sich gelegt, das Wasser schimmerte glatt und war von einem satten Dunkelblau. Es kam mir vor, als hätte ich eine neue, ganz andere Bucht vor mir. Einige Leute waren im Wasser. Ich sah den Schwimmenden eine Weile zu, holte mir am Kiosk einen Tee und setzte mich an einen der Tische. Wir hatten ein kleines Haus nicht weit von einem geradezu perfekten Badestrand gemietet, an der Südostseite der Insel. Zur Felsenbucht hinter dem Leuchtturm war es mehr als eine Dreiviertelstunde mit dem Fahrrad.

An einem der nächsten Tage packte ich Badeanzug und Handtuch ein und beschloss, ein weiteres Mal zur Bucht zu fahren. Warum, konnte ich nicht sagen, ich folgte einem Gefühl. Neugier vielleicht oder der Eindruck, etwas war noch nicht eingelöst worden. Meine Familie schüttelte den Kopf, keiner verstand, warum ich unbedingt dort schwimmen wollte. Zum Strand mit seinem weichen, pudrigen Sand, der so fein war, dass er manchmal leise quietschte, wenn man mit den Fußsohlen darüberglitt, waren es von unserem Haus nicht einmal 300 Meter. Wozu dann den langen Weg die Küste hoch auf sich nehmen, der mit seinen Steigungen sogar noch beschwerlich sein würde? Ich fuhr allein los.

Es war windstill und warm, auch etwas drückend, die Luft stand unter einer schweren Wolkendecke, später würde es ein Gewitter geben. Ein paar Kinder und Jugendliche kletterten auf den Sprungturm, ihre Badeanzüge und Hosen in Neongrün, Pink und Gelb setzten sich leuchtend vom bedeckten Himmel ab.

Ich stieg die kurze Leiter hinab und machte die ersten Züge. Das Wasser war klar und kühl, es schien recht tief, mehr als drei Meter vielleicht, ich konnte den dunklen Grund sehen, Felsen, von Algen bewachsen. Eine Weile paddelte ich auf der Stelle und sah mich um, bei jeder Bewegung spürte ich aus der Tiefe heraus die Kälte an den Beinen. Dann legte ich los, durchquerte das Becken, und es war, als würde ich das Wasser, nein, die gesamte Umgebung umarmen, mit jedem Schwimmzug, den ich tat. Die kleine Bucht schien geschützt wie ein Pool, und doch hatte die schwarzgrüne Tiefe etwas Geheimnisvolles, Unheimliches an sich, gerade so, dass es sich auf wohlige Weise abenteuerlich anfühlte.

Eine leise Euphorie durchströmte mich. Hier zu sein, das hatte ich mir gewünscht, genau so hatte ich es mir vorgestellt. Das Felsenbecken, der bedeckte Himmel, durch den hin und wieder ganz kurz die Sonne brach, die gelblich grauen Felsen, die Kinder am Sprungturm, eine weitere einzelne Frau, die etwas entfernt von mir schwamm. Ich war durch und durch glücklich. Auf eine besondere, intensive Art.

Als ich wieder im Ferienhaus ankam, versuchte ich von diesem Gefühl zu erzählen, doch da war etwas, das sich nicht erklären ließ. Ein Jahr darauf fuhren wir wieder nach Bornholm und, allein, ohne die anderen mit meiner Begeisterung anstecken zu können, machte ich mich auf den Weg zur Bucht. Ich musste dort einfach schwimmen, genau dort.

Ich empfand dort etwas, das ich nicht in Worte fassen konnte. Das Schwimmen an diesem Ort ist mir stark in Erinnerung geblieben, vielleicht werde ich noch im hohen Alter – wer weiß, wenn ich womöglich nicht einmal mehr schwimmen kann –, an diese Ausflüge an die Felsenbucht, an die ersten Momente im Wasser, an dieses Hochgefühl denken.

Schwimmen, der Körper, die Gedanken, der Ort. Was hat es damit auf sich? Woraus genau setzt sich dieses großartige, erhebende, erfüllende Erlebnis zusammen? Oder wie es D.H. Lawrence in seinem Gedicht »The Third Thing« poetisch und knapp wie eine Formel gesagt hat:

»Wasser ist H_2O, zwei Teile Wasserstoff, ein Teil Sauerstoff. Aber da ist noch etwas Drittes, das erst macht es zu Wasser, und niemand weiß, was dieses Etwas ist.«

In seinen Romanen – ich muss gerade an *Liebende Frauen* denken – fühlen sich die Menschen durch das Schwimmen, durch die Berührung von Wasser verändert und befreit, und immer wieder kommt bei seinen Figuren die Sehnsucht nach dieser Erfahrung, dieser vorübergehenden Transformation durch; »buoyant« ist ein Wort, das bei ihm häufig in Beschreibungen von Wasser vorkommt, und wie interessant und auch gar nicht verwunderlich, dass dieses Adjektiv je nach Zusammenhang Unterschiedliches meinen kann, »schwimmend« und »schwimmfähig«, aber auch »lebhaft« und »lebendig«, oder »heiter« und »optimistisch«. Ein Wort, das so vieles bezeichnen und miteinander in Zusammenhang bringen kann wie der Akt des Schwimmens selbst.

Ich habe noch lange nicht durchschaut, welche Dimensionen für mich mit dem Schwimmen verbunden sind. Die Bewegungen des Körpers im Wasser, die Gedanken, die sich dabei ergeben und an Klarheit gewinnen. Die Erlebnisse beim Schwimmen von der Kindheit an bis zur Gegenwart, die wie feine, biografische Markierungen erst mit der Zeit erkennbar aufleuchten. Die Erinnerungen an Menschen, mit denen ich geschwommen bin. Die Frage, wie das alles zusammenhängt. Was es mir wirklich bedeutet: zu schwimmen.

ANFÄNGE, CHLORWASSER UND ERINNERUNGEN

Der erste Tag im Freibad nach der Winterpause. Ende Mai, später Vormittag, der Himmel ist bedeckt, das Wasser hat endlich die 18 Grad, die es braucht, damit der Betrieb öffnen kann. Das 50 Meter lange Becken ist fast leer, ein Mann mit Brille und zaghaftem Lächeln, eine Frau mit hochgestecktem grauen Haar, darin eine bunte Kunstblume, ziehen langsam ihre Bahnen, die Bademeisterin steht am Beckenrand. Der Mann wechselt zwischendurch ein paar Worte mit ihr. Wie glücklich er sei, endlich wieder hier sein zu können, das Wasser sei kalt, genau richtig kalt, so wäre es doch am schönsten. Kaum, dass ich im Becken bin, nickt er auch mir zu und sagt: »Einfach schön, oder?«

Feierlich, an diesem grauen Tag im Mai, an dem noch etwas Regen in der Luft hängt und der Wind sich nicht wirklich frühlingshaft anfühlen will, aber das Becken in verlockendem, sommerlichem Türkis leuchtet, an diesem Tag geht es zwischen uns, die wir diesen Moment teilen, feierlich zu.

Während der ersten Minuten schwimme ich langsam, fast andächtig. Ich will alles in mich aufnehmen, die hellgrünen Baumkronen, das Licht dieses verhangenen Tages, den Geruch von nassen Blättern und feuchtem Gras, die Stille in diesem fast leeren Bad. Ich schwimme ohne viel Kraftanstrengung, sanft teile ich das Wasser und bewege mich gemächlich fort, nichts kostet Mühe, alles ist leicht. Erst nach der fünften oder sechsten Bahn setze ich die Schwimmbrille auf und lege an Tempo zu. Brustschwimmen, ich tauche unter und strecke mich, tauche auf und hole Luft, tauche wieder unter. Das Wasser ist heute weich, es bietet mir keinen Widerstand wie sonst manchmal, wenn das Vorankommen mühsam scheint, auch das Atmen eine Schwere hat, als wäre ich nicht im Wasser, sondern müsste wie eine Bergsteigerin eine Anhöhe bewältigen. Nicht jeder Schwimmtag ist gleich gut. Doch heute mag mich das Element und nimmt mich freundlich auf. Eine Bahn nach der nächsten lege ich zurück und gerate in diesen schwerelosen Zustand. Jede Bewegung geschieht von allein, ich vergesse meinen Körper, bestehe nur noch aus Energie und dieser Leichtigkeit. Fast ist es wie Träumen, wenn sich auch die Gedankenräume von allein öffnen, sich neue, überraschende Verbindungen bilden, ein Gewebe aus Erinnerungen und Ideen, wenn alles eine Sanftheit hat und zugleich kristallklar scheint.

Beim Schwimmen muss ich manchmal an die Freibadstunden im Juni 2020 denken. Dieser einprägsame Sommer nach den langen, seltsamen Wochen und Monaten des Zurückgezogenseins. Als es den meisten von uns zu Hause entweder zu eng oder zu einsam geworden war. Der Juni brachte endlich Erleichterung, die Infektionszahlen waren niedrig, und die Freibäder öffneten ihre Türen. Mit einigen Auflagen, damit das Bad nicht überfüllt sein würde. Man musste seinen Eintritt online im Voraus buchen und sich dabei für die Morgenstunden, für den Mittag, Nachmittag oder Abend entscheiden. Die Anzahl der Tickets war für jedes Zeitfenster begrenzt, verfügbar waren sie jeweils für den aktuellen Tag, für den nächsten und übernächsten. Anfangs stieß ich jedes Mal, wenn ich die Webseite aufrief, auf ausgebuchte Tage. Ganz gleich, wann ich mich bemühte, ich war zu spät. Als ich endlich durchschaut hatte, dass man den Shop am besten kurz nach Mitternacht besuchte, wenn das System gerade den übernächsten Tag freigeschaltet hatte, kam ich an die erste Eintrittskarte für das Bad in meiner Nähe. Von da an machte ich den mitternächtlichen Kauf zum Ritual.

Zu Hause fand der Alltag an einem großen Tisch statt, den ich mir mit meinem Sohn teilte. Während er lernte, Physik, Latein oder Mathe anhand von ausgedruckten Übungsblättern, Videokonferenzen und YouTube-Tutorials zu bewältigen, versuchte ich, mich auf das Schreiben zu konzentrieren, und im Rückblick sehe ich mich vor allem zwei Dinge tun: die Spülmaschine ein- und wieder ausräumen und so oft wie möglich ins Freibad flüchten.

Das Schwimmbecken wurde zu meinem Rückzugsort, an dem ich mich nicht nur bewegen, sondern auch in Ruhe nachdenken konnte. *Ein Zimmer für mich allein*, um es mit Virginia Woolf zu sagen, das hatte ich – wie viele andere auch – während dieser Zeit und, wie sich herausstellen würde, während des kommenden Winters nicht mehr, aber für eine Weile gab es für mich diesen Raum unter freiem Himmel, den ich mir zwar mit anderen teilte, in dem ich aber trotzdem für mich war.

Hin und wieder kam es vor, dass ich mich zu müde fühlte, um schwimmen zu gehen, oder ich der Meinung war, dass ich es mir zeitlich nicht erlauben konnte, diese ein oder zwei Stunden im Freibad zu verbringen. Und dann überwand ich mich, manchmal nur halbherzig, packte das Handtuch ein und ging los, denn sobald ich einige Bahnen geschwommen war, spürte ich, wie dieses Durcheinander aus Gedanken, Ideen und Sorgen sich nach und nach beruhigte und ordnete und wie ich mich meinem Alltag wieder gewachsen fühlte, Zuversicht hatte. Nachdem ich 1500 Meter geschwommen war und an der Leiter aus dem Becken stieg, etwas kühlen Wind auf der nassen Haut, fühlte ich mich wie Wonder Woman. Schwimmen, so viel weiß ich inzwischen, löst keine Probleme, aber es kann für Klarheit und Mut sorgen, um sich ihnen zu stellen.

Am liebsten ging ich bei Nieselregen ins Freibad, denn dann waren weniger Leute als sonst dort. Der weiche, feine Regen sorgte für gedämpfte Stille. Es war ein perfekter Tag zum Schwimmen. Vereinzelt glitt jemand durch das Wasser, verborgen hinter einer getönten Kunststoffbrille, eine Frau trug Neoprenanzug. Es waren vor allem sportliche Leute unterwegs, die konzentriert das Becken durchkraulten. Und während ich ebenfalls meine Bahnen zog, im gewohnten Rhythmus, abtauchen und strecken, auftauchen und Luft holen, wieder abtauchen, sah ich auf einmal meinen Vater. Er schwamm schräg vor mir, langsam kraulend. Ich erkannte seine Arme, sein Gesicht von der Seite, unter Wasser seine Beine und seine blassen Fußsohlen. Ein Mann von Ende vierzig, Anfang fünfzig, das Alter, in dem er während meiner Kindheit und frühen Teenagerzeit gewesen war. Die Jahre vor der Trennung meiner Eltern.

Mein Vater war im Sommer 2012 fast achtzigjährig verstorben. Nun schwamm er vor mir her. Genau jetzt, in dieser Zeit, in der in so vielen Familien, Städten, Regionen und Ländern um Covid-Opfer getrauert wurde, um Menschen, von denen oft kein Abschied möglich gewesen war. Eine Zeit, in der sich uns die Bilder von menschenleeren Straßen in Paris, Barcelona oder New York eingeprägt hatten und wir so viele Geschichten gehört und gelesen hatten, von Menschen, die in ihren Wohnungen vereinsamten, eine Zeit, in der auch ich mich ratlos oder erschöpft fühlte und mich der Gedanke an den kommenden Herbst und Winter beklommen machte.

In all dem spürte ich auf einmal das stille Wohlwollen meines Vaters. Als würde er sich freuen, mich hier zu wissen, mich, die Tochter im Alter von Mitte vierzig, Mutter eines jungen Teenagers, den er nur als Kleinkind gekannt hatte, Autorin, die er nur als schüchterne Stipendiatin von Literaturwerkstätten erlebt hatte.

Ich stellte mir vor, wie wir uns am Beckenrand trafen und er sagte: *Du schwimmst also immer noch gern. Wie schön! Und überhaupt, mach weiter so!* Nur das, ganz einfach. Und dann begannen wir die nächste Bahn, er ein Stück schräg vor mir, sodass ich ihn weiterhin sehen konnte.

Die nächsten Male im Freibad dachte ich mir meinen Vater ganz gezielt herbei, und tatsächlich, es funktionierte. Nach und nach leuchteten außerdem Momente aus meiner Kindheit auf, Bilder und Erlebnisse, an die ich lange nicht gedacht hatte. Mein Vater am Mittelmeer, wie er im hüfthohen Wasser steht, wie er sich nach vorn beugt und kopfüber eintaucht, seinen breiten Rücken im Meer versenkt, ohne lautes Platschen, ohne große Welle, wie er einige Meter taucht und dann loskrault. Er war ein ziemlich guter Schwimmer.

Und dann, ein verregneter Sommer in Dänemark, in Nordjütland. Ich bin sechs Jahre alt, und mein Vater bringt mir das Schwimmen bei, im Hallenbad einer Feriensiedlung, aus der Perspektive des Mädchens in einem endlos großen Becken. Die Siedlung gibt es noch, ich habe mir Fotos angesehen, das Becken ist keine 20 Meter lang, doch erstaunlicherweise schieben sich meine Erinnerungsbilder immer wieder vor diese Fotografien. Das Mädchen zappelt und hält entschlossen das spitze Kinn über Wasser, es hört die beruhigende Stimme seines Vaters – *Langsam, nicht so hastig mit den Armen rudern, langsam. Es kann dir nichts passieren* – und spürt seine stützende Hand unter dem Bauch. Es strampelt durch das petrolfarbene Wasser, getragen von dieser Hand, hinter den großen Fenstern Dünen und Regenwolken.

Und während es weiter hektisch die Arme und Beine bewegt wie ein kleiner, dünner Frosch, blickt das Mädchen einmal kurz zur Seite und stellt fest, dass da niemand mehr steht und dass da auch keine Hand mehr unter dem Bauch ist. Dieser Moment des Erschreckens, dann der Verblüffung, dann des Glücks: Ich bin geschwommen. Nichts anderes als die Bewegung meiner Arme und Beine hat es bewirkt. Genau, wie es mein Vater mir versprochen hatte. Ihm zu vertrauen war richtig gewesen. Er hatte recht, ich bin nicht untergegangen. Das ist es, das Schwimmen. Oder so, zumindest, beginnt es.

Abtauchen, strecken, auftauchen, Luft holen, den Blick auf die türkisen Kacheln gerichtet, ließ ich die Erinnerungen kommen und ziehen, und es fühlte sich ähnlich an, wie durch alte Familienfotos zu gehen. Bilder der eigenen Eltern, auf den Fotos jünger als man selbst heute, Bilder von Zimmern, eingerichtet mit Möbeln und Kleinigkeiten, die so nicht mehr existieren. Man betrachtet die Gesichter und Gesten, die Kaffeetassen und Bücherregale mit Neugier, man achtet auf die Details, ob man neben dem Vertrauten etwas Neues oder Ungewöhnliches entdeckt, etwas, das man erst jetzt, mit zeitlichem Abstand verstehen oder einordnen kann oder das im Nachhinein eine kleine Überraschung bietet.

Mein Vater und ich unternahmen früher an den Wochenenden oft Ausflüge in Schwimmbäder, ins örtliche Hallenbad oder in weiter entfernte Wellen- oder Freizeitbäder. Als Siebenjährige war es für mich ein seltsamer, gewöhnungsbedürftiger Moment, wenn mein

Vater und ich uns vor den Umkleidetüren des Schwimmbads trennten und ich allein, mit der Münze in der Hand, den Frauenbereich betrat. Wenn ich mich umgezogen hatte und kurz darauf im Duschraum stand, umgeben von erwachsenen, fremden Frauen, deren Körper ich verstohlen ansah, um dann schüchtern wegzublicken, und wenn ich schließlich ins Hallenbad trat, mich nach meinem Vater umsah und sich jede halbe Minute des Wartens schrecklich dehnte. In unbekannten Bädern erschienen mir damals die langen Flure zwischen Umkleiden, Duschen und Halle wie ein großes Labyrinth.

Ich gebe seinen Namen hin und wieder ins Fenster der Suchmaschine ein, obwohl ich eigentlich weiß, dass nur wenige Treffer erscheinen, mein Vater hat kaum digitale Spuren hinterlassen. Doch einmal tauchte zu meiner Überraschung ein alter Zeitungsartikel auf, ein Datum Mitte der 1950er-Jahre. Offenbar war ein großer Schwung vergangener Jahrgänge der Zeitung digitalisiert worden, und das Archiv war öffentlich zugänglich. Es war eine knappe Meldung: Mein Vater hatte im Hamburger Hafenbecken jemanden vor dem Ertrinken gerettet und war vom Bürgermeister dafür mit einer Uhr geehrt worden. Erstaunt las ich die Zeilen noch einmal und noch einmal.

Er hatte mir nie etwas davon erzählt. Mitte der Fünfzigerjahre hatte er entweder noch studiert oder war erst seit kurzer Zeit als junger Ingenieur zur See gefahren, was er bis in die Sechzigerjahre getan hatte. Diese Geschichten kannte ich.

Ich versuchte mir vorzustellen, wie die Szene abgelaufen sein könnte. War der Mann ein Hafenarbeiter gewesen, ein Seefahrer oder ein Spaziergänger? Hatte mein Vater an einem der Anleger gestanden und einfach nur im richtigen Moment einen Rettungsreifen geworfen? Oder war er selbst ins Hafenbecken gesprungen? Und was dann? Die zweite Variante, obwohl ich sie selbstverständlich beeindruckender als die erste fand, erschien mir so gut wie unmöglich. Wer an der Elbe aufwächst, weiß, wie gefährlich es ist, in das braune, trübe Wasser mit seinen starken Unterströmungen zu springen, die schweren Frachter mit ihren mächtigen Schiffsschrauben nur wenige Meter entfernt. Umso erstaunter war ich, dass ich nie etwas von diesem Vorfall gehört hatte. Andererseits, es passte zu meinem Vater, zu seiner Zurückhaltung. Er redete nicht viel über sich. Für Aufmerksamkeit, die sich auf ihn richtete, hatte er sich nie besonders interessiert. So wenig wie für Uhren. Eher für Kompasse und Luftdruckmessgeräte – in seinem Arbeitszimmer hatte immer ein Kompass im Regal gelegen und ein Barometer an der Wand gehangen. Auch wenn er mir diese Geschichte von der Rettung eines Menschen vorenthalten hatte, die Liebe zum Wasser zusammen mit dem angemessenen Respekt vor dem Element, das hat er mir hinterlassen.

An einem Mittag während des Sommers 2020 bestellte ich mir am Kiosk im Freibad eine Portion Pommes, im Hintergrund lief ein Hit aus den Achtzigern, *Words don't come easy*. Ein Song, den ich als Kind im Küchenradio oder auf Autofahrten viele Male gehört hatte, ohne dass ich hätte sagen können, von wem er stammte. Nun erinnerte ich mich daran, wie ich den Refrain als Kind mit Fantasieworten leise mitgesungen hatte – *Gemurmel, Gemurmel, Du-ka-misi* – und für einen kurzen Moment war diese kindliche Perspektive wieder da. Das sechsjährige Mädchen, das gerade schwimmen gelernt hatte und an einem Samstag im Hallenbad sein Seepferdchen machte, mit seinem Vater an der Seite, der es aufmunterte, als es in sehr flachem Wasser nach einem roten Plastikring tauchen musste. Meine Mutter nähte das Stoffabzeichen für mich an den Badeanzug, mit groben, ungelenken Stichen, weil sie nicht nähen konnte.

In einem der Kästen mit alten Fotos und Unterlagen, die meine Mutter aufbewahrt hatte, fand ich einen Brief meines Vaters, er hatte ihn etwa ein halbes Jahr nach der Trennung der beiden geschrieben. Das Zuhause des eigenen Kindes aufzulösen und ein neues zu erschaffen, das war für sie anstrengend, sie wurde von ihrem Arzt zur Kur geschickt. Während der für mich langen Zeit – damals bekam man noch sechs Wochen verschrieben – passte meine Oma auf mich auf.

Der Brief von meinem Vater an meine Mutter ist an die Kureinrichtung adressiert, es ist ein freundlicher und zugewandter, kein dramatischer Brief, meine Eltern waren nicht zerstritten, sondern gingen versöhnlich miteinander um. Ich liebe diese Zeilen, besonders den Teil, in dem er davon erzählt, dass meine Oma ihn zum Essen zu uns eingeladen hatte. Der kommende Sonntag sei nun verabredet, schrieb er meiner Mutter, und dann: *Werde versuchen Kristine zu überreden, daß wir vorher zum Schwimmen gehen.*

Es ist ein beiläufiger Satz, nichts Besonderes, dennoch macht es mich jedes Mal froh, wenn ich ihn lese. Ich muss etwa zwölf Jahre alt gewesen sein, und wie der Brief andeutet, hatte mein Interesse an den Ausflügen ins Hallenbad etwas nachgelassen. Die Teenagerzeit brach an. Aus heutiger Sicht bedauere ich, dass wir dieses Ritual nicht etwas länger beibehalten oder auch später wieder aufgenommen hatten. Aber so ist es nun einmal, ein Mädchen von zwölf, dreizehn Jahren und älter hat andere Dinge zu tun, als mit seinem Vater ins nahe Hallenbad zu gehen.

Es lässt sich nicht ändern, beim Großziehen von Kindern gibt es diese letzten Male, es gibt so viele davon, und man bemerkt sie im Alltag nicht einmal. Das letzte Mal, wenn das Kind bei einem Gewitter oder Albtraum schlaftrunken ins Elternbett schlüpft, das letzte Mal, dass man sein Kind auf dem Schoß oder auf dem Arm tragen kann, bevor es zu groß dafür ist, das letzte Mal, dass man dem Kind aus einem Buch vorliest, oder das letzte Mal, dass man gemeinsam ins Schwimmbad geht. Und andersherum ist es mit den eigenen Eltern nicht viel anders. Das letzte gemeinsame Essen, das letzte Gespräch über ein interessantes Buch oder ein politisches Ereignis, das letzte Telefonat wegen einer Verabredung oder einer Besorgung. Wahrscheinlich ist es besser, über diese unzähligen letzten Male nicht allzu oft oder zu lange nachzudenken.

Im Freibad, immerhin, zog mein Vater schräg vor mir seine Bahn, ich konnte seinen regelmäßigen Armschlag und seine Fußsohlen unter Wasser sehen. Bisher war es mir als etwas Selbstverständliches erschienen, dass er mir das Schwimmen gezeigt hatte. Doch während dieser Monate im Sommer 2020, als das Fünfzigmeter-Becken im Freibad zu meinem Rückzugsort wurde und sich Chlorwasser und Kindheitserinnerungen mischten, da fühlte ich mich nachträglich umsorgt und aufgehoben. Jemandem das Schwimmen beizubringen, das ist ein Akt der Fürsorge, manchmal auch der Liebe. Es ist etwas Bleibendes.

ERNEUERUNG

Im Sommer – auf Bornholm, Møn oder Samsø, dort haben wir in den vergangenen Jahren oft die Ferien verbracht – ziehe ich nach dem Aufwachen als Erstes den Badeanzug an und mache mich auf den Weg zum Strand, ein Handtuch und manchmal einen Becher Tee dabei. Auch im Oktober, wenn wir in den Herbstferien auf einer der Inseln ein Haus mieten, gehe ich schwimmen. Das Wasser hat dann eine Temperatur von zehn bis zwölf Grad. Es ist kalt, doch an sonnigen Tagen kann ich trotzdem noch eine Spur von Sommer spüren. Winterschwimmen oder »Eisschwimmen«, wie es auch gern genannt wird, allerdings bekomme ich allein bei dem Wort eine Gänsehaut, habe ich dagegen noch nicht probiert, aber das wird noch kommen. Die wichtigste Ausstattung – Mütze, Handschuhe und Schwimmsocken aus Neopren – habe ich mir schon zugelegt.

Es gibt ein Gedicht, »Morning Swim«, der US-amerikanischen Schriftstellerin Maxine Kumin, die von 1925 bis 2014 lebte und für ihre Lyrik unter anderem mit dem

Pulitzerpreis ausgezeichnet wurde. »Morning Swim« ist für mich einer der schönsten Texte über das Schwimmen.

Into my empty head there come
a cotton beach, a dock wherefrom
I set out, oily and nude
through mist, in chilly solitude.

There was no line, no roof or floor
to tell the water from the air.

Night fog thick as terry cloth
closed me in its fuzzy growth.

I hung my bathrobe on two pegs.
I took the lake between my legs.

Invaded and invader, I
went overhand on that flat sky.

Fish twitched beneath me, quick and tame.
In their green zone they sang my name

and in the rhythm of the swim
I hummed a two-four-time slow hymn.

I hummed »Abide With Me«. The beat
rose in the fine thrash of my feet,

rose in the bubbles I put out
slantwise, trailing through my mouth.

My bones drank water; water fell
through all my doors. I was the well

that fed the lake that met my sea
in which I sang »Abide With Me«.

Das Gedicht entfaltet für mich all die unterschiedlichen, flüchtigen Momente und Gefühle beim morgendlichen Schwimmen so wunderbar und treffend. Diese Mischung aus Schlaftrunkenheit und Verletzbarkeit, mit der man sich morgens dem Wasser nähert. Die mystische, vom Tag noch unverbrauchte Verschwommenheit der Natur in den frühen Stunden. Und dieses auch komplizierte Verhältnis, das wir zum Wasser haben, wir tauchen ein und werden aufgenommen, wir machen uns das Wasser zu eigen, indem wir es mit jedem Beinschlag und jedem Kraulzug in Bewegung bringen, und sind ihm doch ausgeliefert, wir spannen die Muskeln an und müssen atmen, doch zugleich fühlen wir uns von diesem anderen Element getragen.

Während es die Erzählstimme in Maxine Kumins Gedicht an einen Teich oder See zieht, ist es für mich das Meer. In der Nähe des kleinen Fischerorts an der Südostseite von Bornholm, wo wir einige Sommer verbrachten, führen in Abständen mehrere schmale Pfade durch den bewaldeten Küstenstreifen zum Wasser. Zwischen den hohen Fichten, Birken und Brombeerhecken liegen, manchmal etwas versteckt, die Ferienhäuser. Hinter den Bäumen schimmert die Ostsee. Je nach Wetterlage und Tageszeit in leuchtendem Ultramarin, in Taubenblau oder einem leichten Fliederton. Besonders abends ist das Farbspiel unwirklich schön, kurz nach Sonnenuntergang, wenn es noch hell ist. Bei blauem Himmel sieht man das Wasser schon aus einiger Entfernung hinter den Bäumen glitzern. Ist es bedeckt, verschmelzen das Meer und die milchige Wolkendecke zu einem hellen Grau, nur ein einzelnes, scharf gestochenes Schiff am Horizont markiert dann den Übergang von einem zum anderen. An manchen Tagen hört man auf dem Weg schon die Wellen rauschen und weiß, das wird ein Bad in der Brandung, an anderen zeigt sich das Wasser glatt und klar, und man kann beim Schwimmen bis auf den Grund sehen, die Steine, Algenpflänzchen und die umherhuschenden Fischschwärme in ihren Tarnfarben genau erkennen. Es ist, als würde sich das Meer alle paar Tage neu erfinden. Dieser schmale Weg zum Strand erfüllte mich jeden Morgen von Neuem mit Vorfreude, dieses Blau, das hinter den Bäumen wartete, hatte etwas Verheißungsvolles.

Doch das Bad am Morgen war nicht immer so selbstverständlich für mich gewesen. Während unseres ersten Sommers auf Bornholm, er liegt nun mehr als zehn Jahre zurück, kostete es mich Überwindung, ins Wasser zu tauchen und loszuschwimmen. Obwohl ich es unbedingt wollte. Die Wassertemperatur lag bei 18 bis 20 Grad, vormittags war sie etwas niedriger als nachmittags. Ich stand hüfttief im Wasser, die Bauchmuskeln angespannt, die Schultern hochgezogen, und konnte mich nicht überwinden. Die Ostsee kam mir ungewöhnlich kalt vor, außerdem fühlte ich mich auf einmal seltsam allein. Außer mir waren nur ein Jogger und eine Spaziergängerin mit Hund zu sehen, aber in einiger Entfernung. Es mag lächerlich klingen, aber ich befürchtete, mein Herz könnte beim ersten Eintauchen vor Schreck stehen bleiben. Im niedrigen Wasser schwimmen zu gehen, wo sonst auch Kinder auf ihren Luftmatratzen und Bodyboards tobten, erschien mir auf einmal viel zu riskant. Ich malte mir aus, wie ich bewusstlos in den Wellen treiben und es niemand bemerken würde. Zugleich kam ich mir ausgesprochen albern vor. Es war, als hätte ich auf jeder Schulter eine Stimme sitzen:

Sei vorsichtig, wer weiß, deine Mutter hat eine künstliche Herzklappe, vielleicht bräuchtest du bald ebenfalls eine.

Was für ein Unsinn, du bist eine Frau Mitte dreißig, es ist ein herrlicher Augusttag an der Ostsee, sei keine Drama-Queen.

Damals fühlte ich mich insgesamt etwas dünnhäutig. Hin und wieder spürte ich wie aus heiterem Himmel mein Herz rasen oder stolpern. Es klopfte hastig wie nach einem Sprint zum Bahnhof, während ich still am Schreibtisch saß. Es stolperte wie eine ungelenke Faust hinter der Brust, während ich im Bett lag. Manchmal genügte nachts ein leises Murmeln oder Hüsteln aus dem Kinderzimmer, und mein Herz machte einen Satz.

Immer häufiger horchte ich misstrauisch in mich hinein. Schließlich suchte ich eine Kardiologin auf. Sie versicherte mir nach EKG und Ultraschall, alles sei in bester Ordnung, doch das Gefühl meldete sich trotzdem alle paar Tage. Während einer kurzen Schreibresidenz in einer ländlichen Gegend war das Stolpern so ausgeprägt geworden, dass ich nachts das Telefon neben mein Kissen legte, damit ich sofort den Notruf wählen konnte, falls etwas passierte. Ich war erfüllt von einer diffusen Angst, mein Herz könnte im Schlaf stehen bleiben. Zugleich kam ich mir überempfindlich, geradezu neurotisch vor, mir war klar, dass ein Telefon neben dem Kissen in solch einem Fall ohnehin nicht helfen würde.

Die Entwicklung erreichte ihren Höhepunkt, als ich mit meinem dreijährigen Sohn einige Tage allein verbrachte und meinem Körper derart misstraute, dass ich abends zwei aufgeschraubte Mineralwasserflaschen auf den niedrigen Tisch im Wohnzimmer stellte. Damit mein Kind nicht verdursten müsste, falls ich die Nacht nicht überlebte. Seitdem ich Mutter geworden war, las ich mit Schaudern solche Geschichten in der Zeitung.

Dann wieder, wenn es mir besser ging, machte ich mich darüber lustig, auf was für düstere und absurde Ideen ich doch kam. Nach drei Kardiologie-Besuchen und zwei Langzeit-EKGs gab es von meiner Ärztin nichts weiter als einen ernsten Blick. Ich könne nicht alle paar Monate bei ihr auftauchen, nur um mir wieder und wieder sagen zu lassen, dass alles in Ordnung war. *Schien*, dachte ich, *schien!* Wer konnte schon sagen, was da im Inneren einer übermüdeten Mutter vor sich ging.

Ich stand also zögernd im Wasser. Eine erwachsene Frau, die, nachdem sie eine Geburt, 14 Monate Stillen und weitere zwei Jahre regelmäßigen Schlafentzug hinter sich hatte, ihrem Körper offenbar nicht zutraute, in der sommerlichen Ostsee zu schwimmen. Unschlüssig blickte ich mich um, war kurz davor rauszugehen, da sah ich eine Frau in einem langen Bademantel. Wir nickten uns freundlich zu. Ich schätzte sie auf Anfang, Mitte siebzig. Sie schien in einem der Häuser nur wenige Meter vom Strand entfernt zu wohnen, denn auch an den folgenden Tagen tauchte sie an derselben Stelle zwischen den Hecken auf. Dort befand sich ein schmaler Pfad, neben dem ein morsches Holzschild mit dem Wort *privat* im Boden steckte. Die Frau legte den Frotteemantel ab, ging ins Wasser, befeuchtete schnell die Arme und schwamm los. Es schien so einfach.

Ihre Gegenwart ermutigte mich. Nun war ich nicht mehr allein. Ich konnte es ihr jetzt einfach gleichtun und losschwimmen, und falls ich kurz darauf ohnmächtig in den Wellen trieb, würde die Frau es immerhin bemerken. Ich ging weiter hinein, bis das Wasser meinen Bauch erreichte, hielt die Luft an, stieß mich vom Boden ab, tauchte ins Wasser und machte den ersten, den zweiten, den dritten Schwimmzug. Ich spürte das kalte Wasser auf der Brust, und zu meiner großen Erleichterung stolperte mein Herz nicht, sondern erfüllte ungerührt weiter seine Aufgabe. Ich schwamm im Meer, als wäre es eine ganz neue Erfahrung für mich. Wow, es geht! Ich fühlte mich befreit. Es war wunderbar. Zwischendurch blieb ich für eine Weile stehen, ließ mir die Sonne auf

Schultern und Rücken scheinen, um mich kurz darauf zurück ins Wasser zu legen und noch einmal diesen ersten, prickelnden Moment der Kälte zu spüren. Zurück am Strand war ich wie erneuert.

Auch am nächsten Morgen machte ich mich auf den Weg, und wieder meldete sich die leise Stimme des Zweifels: Was, wenn das gestern nur zufällig gut ausging? Was, wenn dein Herz doch noch beim Eintauchen aussetzt?

Ein Elternpaar spielte mit seinen Kindern am Strand, und in der Ferne war ein kleines Fischerboot zu sehen. Sonst war der Strand wie am Tag zuvor leer. Es kostete mich wieder Überwindung, doch diesmal dauerte das Zögern nicht so lange, ich tauchte unter und schwamm los, und kurz darauf sah ich ein paar Meter entfernt die Frau im Bademantel, sie nickte mir wieder freundlich zu.

An den darauffolgenden Tagen machte ich so weiter, ich ging morgens schwimmen, es wurde ein Ritual. Stück für Stück holte ich mir etwas zurück, von dem ich nicht genau hätte sagen können, was es war. Zugleich entledigte ich mich irgendeiner Last.

Rückblickend glaube ich, es ging dabei nicht allein um das diffuse Misstrauen in meinen Körper, das ich überwinden musste, sondern ich war dabei, eine Lebensphase zu verarbeiten. Die Jahre des Mutterwerdens, diese ersten Jahre nach der Geburt des Kindes, die durch und durch aus Fürsorge, Wachbleiben, Horchen, Aufpassen bestanden. Ich nenne sie auch die Zeit der Durchlässigkeit. Mein Körper, mein Gefühl, mein Verstand, alles, was mich ausmachte, war durchlässig. Und das Lebensgefühl war von einem Gedanken bestimmt: Mir darf nichts passieren, ein kleiner Mensch ist von mir abhängig. Diese Veränderung war es, die ich womöglich verarbeitet hatte.

Während der Ferienwochen auf Bornholm sah ich die ältere Frau fast jeden Morgen. Sie schwamm meistens nicht mehr als eine Viertelstunde, dann ging sie zurück zum Haus. Es wirkte, als würde sie seit Jahrzehnten ihre Tage so beginnen, nicht nur im Sommer, sondern auch im Herbst oder Winter, und vielleicht war es ja auch so.

Inzwischen bin ich so routiniert wie sie. Ich besitze zwar keinen Bademantel und auch kein Haus am Meer, aber eine lange Strickjacke, in die ich mich einwickle, wenn ich morgens zum Strand gehe. Während dieser Sommerwochen kann ich so tun, als würde ich am Wasser wohnen und jeden Tag mit einem Bad in den Wellen beginnen, bis ins hohe Alter würde ich so weitermachen, solange ich atmen kann, solange mein Herz schlägt.

Ich lebe in der Großstadt, mein Kind geht zur Schule, wir haben einen festen Alltag, aber eines Tages, denke ich, eines Tages werde ich diese alte Frau am Meer sein.

MITEINANDER

Ein Wintermorgen, es ist noch dämmrig, Laternen hängen am Badesteg und leuchten in die diesige Luft, mehrere Frauen schwimmen im eiskalten Wasser des Teichs, einige von ihnen tragen bunte Wollmützen, am Steg wartet heißer Kaffee, auch Biskuits und Croissants stehen bereit. Sie sind eine eingeschworene Gruppe, diese Winterschwimmerinnen. Die Schrifstellerin Esther Freud, die seit mehreren Jahrzehnten zu ihnen gehört, erzählt in einem Essay von ihnen, von den kalten Tagen, samt Laternen und Frühstück nach dem eisigen Bad.

Der Teich oder Weiher, von dem Esther Freud schwärmt, befindet sich in London. Hampstead Heath, ein großes Gebiet im Norden der Metropole mit Wald, Sümpfen, Wiesen und Parkanlagen – und mit etwa 30 Teichen. Sie wurden im Verlauf des 18. Jahrhunderts als Wasserreservoirs angelegt. Drei von ihnen sind besonders beliebt in der Stadt und weit darüber hinaus, denn seit ihrer Entstehung kann man in ihnen schwimmen. Es gibt den *Highgate Men's Bathing Pond* für Männer, Frauen treffen sich am *Kenwood Ladies' Bathing*

Pond, und in den wärmeren Monaten des Jahres ist der *Mixed Pond* geöffnet, der nur wenige Hundert Meter von George Orwells ehemaligem Wohnhaus liegt.

Der romantische Maler John Constable hat zwischen 1820 und 1822 das damals noch ländliche Hampstead Heath mit den Teichen in einer Serie von Bildern festgehalten, auch die Badenden sind als zarte Gestalten auf einigen Motiven zu sehen.

Im Sommer warten die Leute in langen Schlangen auf Einlass. Im Winter dagegen kommt nur noch ein kleiner Kreis, die Leute sind sich vertraut, hier kreuzen sich ihre Wege zum Teil schon seit vielen Jahren. Von dieser besonderen Vertrautheit erzählt auch Esther Freud: »Da ist eine spezielle Verbindung zwischen den Frauen, sie lächeln sich zu, während sie aneinander vorbeischwimmen, und sie stellen sich gegenseitig ihre Töchter vor, sobald die alt genug sind, um dabei zu sein.« Kinder, das muss man dazu wissen, dürfen erst ab acht Jahren in den Ponds schwimmen, und das auch nur, wenn sie nachweislich sicher im Wasser sind und erwachsene Begleitung dabeihaben. Diese Zutrittsregeln wirken fast wie eine ermunternde Aufforderung an die Frauen: Das Schwimmen, hier, gehört euch ganz allein!

Ich selbst war noch nicht im Ladies' Pond schwimmen, aber er zählt zu meiner Sammlung von Sehnsuchtsorten; eine Reihe von Seen, Badebuchten und Schwimmbädern, von denen ich an anderer Stelle noch erzählen werde. Ich habe viel über die Hampstead Heath Ponds gelesen, besonders gern den Erzählband *At the Pond* über den Teich der Frauen, in dem neben Esther Freud auch Texte der New Yorker Autorin, Illustratorin und früheren Leistungsschwimmerin Leanne Shapton, der britischen Autorin Sophie Mackintosh, deren feministische Dystopie *The Water Cure* für den Booker Prize nominiert war, oder Deborah Moggach, die neben Romanen auch Drehbücher schreibt, veröffentlicht sind. Viele unterschiedliche Perspektiven auf den Ladies' Pond.

Warum genau mich die Teiche so faszinieren, obwohl ich dort noch nicht einmal einen Zeh ins Wasser getaucht habe, war mir nicht gleich klar. Sicher, da ist die Tatsache, dass in einer Metropole wie London diese geradezu unwirkliche Idylle exisitiert und dass einer dieser Teiche nur den Frauen gehört, offiziell seit 1926, *a pond of one's own*. Das klingt schon interessant, aber das allein war es nicht. Was mich besonders beeindruckt, sind die Geschichten der Leute, die es immer wieder zu den Teichen zieht. Welche Bedeutung es für die Menschen hat, wenn sie sich beim Schwimmen begegnen. Welchen Stellenwert diese Orte für uns, für eine Gesellschaft generell haben. Warum es sie geben muss. Was wir über uns selbst in diesem Zusammensein erfahren.

Aber erst einmal ist Hampstead Heath für sich schon reizvoll genug. Neben dem erwähnten Erzählband gibt es eine Reihe von anderen Büchern – Romanen, Gedichten, Essays – in denen die Ponds auch vorkommen. Sie wurden nicht nur von John Constable gemalt, sondern auch in anderen Gemälden, Illustrationen, Fotografien und Filmen festgehalten. Im 19. und bis ins 20. Jahrhundert hinein war Hampstead Heath als Wohngegend bei vielen Kreativen, die sich aus der Großstadt zurückziehen wollten, manchmal auch aus gesundheitlichen Gründen, außerordentlich beliebt. Agatha Christie und Daphne du Maurier lebten dort, T. S. Eliot und Robert Louis Stevenson, John Keats, der sich in seinem Poem *Ode to a Nightingale* ausführlich der Landschaft widmete. Um nur einige Namen zu nennen. D. H. Lawrence wohnte mit seiner Frau Frieda Lawrence, Schriftstellerin und Übersetzerin, in der wunderschönen Straße Vale of Health. Die stark unter Tuberkulose leidende Katherine Mansfield, die mit dem Ehepaar Lawrence eng befreundet war, lebte zwischen 1918 und 1920 mit ihrem Ehemann, dem Autor und Verleger John Middleton Murry, in der East Heath Road in einem Haus, dem sie aufgrund seiner damals grauen Fassade den Namen *The Elephant* gab. Virginia Woolf kam zu Besuch, und im Keller gründete das Paar Mansfield-Murry einen kleinen Verlag. In Primrose Hill, South Hampstead, verbrachte Sylvia Plath ihre letzten, ruhelosen, höchst produktiven Lebensjahre. Sigmund Freud siedelte 1938 in Hampstead an, nachdem er vor den Nationalsozialisten aus Wien geflüchtet war. Auch sein ehemaliges Wohnhaus ist heute ein Museum.

Hampstead gehört zu den teuersten Wohngegenden der Stadt. Ein Poet wie Keats, der seinen an Tuberkulose erkrankten Bruder pflegte, würde heute wahrscheinlich kaum noch eine erschwingliche Wohnung dort finden – allenfalls einen kleinen Gartenpavillon zum Arbeiten wie die Autorin Deborah Levy. Im dritten Teil ihrer Living Autobiography *Ein eigenes Haus* erzählt sie von ihrem gemieteten Gartenhäuschen in Hampstead, wo sie sich ihren Schreibtisch einrichtete, und davon, wie sie sich währenddessen ein großes, ideales Haus erträumte, das am Meer liegt. Auch Levy ist eine begeisterte Schwimmerin, die hin und wieder am Ladies' Pond anzutreffen sein soll, zu dem sie, so wird erzählt, mit ihrem E-Bike fährt. Vor einigen Jahren kam ein Dokumentarfilm in die Kinos, *The Ponds*, in dem die Filmemacher Patrick McLennan and Samuel Smith den Alltag an den Teichen über zwölf Monate im Wandel der Jahreszeiten begleiten. Sie lassen Ältere und Jüngere, Neuankömmlinge und Alteingesessene zu Wort kommen; Geschichten von Menschen, denen das gemeinsame Schwimmen geholfen hat, existenzielle Krisen zu überstehen, nach schweren Unfällen oder Krankheiten wieder auf die Beine zu kommen, den Körper herauszufordern und die dabei von den anderen ermuntert wurden. Einer der Schwimmer erzählt begeistert, im Wasser spiele es für eine Weile keine Rolle, wer man sei und woher man komme, das sei schon immer das Besondere an den Teichen gewesen, hier begegneten sich Menschen, die woanders nicht aufeinandertreffen würden.

Das ist es, was in Filmen und Erzählungen über die Teiche immer wieder zur Sprache kommt: dieses Miteinander. Menschen, die diesen Glücksmoment teilen, einfach *dort* zu sein, durch das weiche, trübe Wasser zu gleiten, über sich die mal sommerlich grünen, mal winterlich kahlen Bäume, der feine Nebel über allem im Herbst und Winter, das Juchzen einer Schwimmerin, während sie sich ins eisige Wasser fallen lässt.

Für einen gewissen Zeitraum empfinden alle etwas Ähnliches. Da entsteht ein Gefühl von Zugehörigkeit. Ich kann kaum genug bekommen von diesen Geschichten, in denen ich mich ohne Zweifel selbst erkenne mit genau dieser Sehnsucht: nicht allein zu schwimmen, mit anderen diese Freude zu teilen, in einer vertrauten Umgebung.

Es gibt sie überall, diese Orte. Es kann ein Teich in London sein, eine Kiesgrube zwischen Dörfern, ein Freibad in einer Kleinstadt. Lässt man sich etwas Zeit, um die Menschen zu beobachten, kann man es erkennen, dieses feine Netz aus Begegnungen. Dabei geht es nicht darum, dass alles durch und durch harmonisch und ohne Konflikte abläuft. Im Gegenteil, die Brüche, die Spannungen und Störungen gehören dazu.

In dem Sammelband *At the Pond* erzählt auch eine Bademeisterin, sie heißt Nell Frizzell, ihre Sicht auf den Betrieb; Beobachtungen aus unzähligen Zehn-Stunden-Schichten, mal bei drückender Hitze, mal bei eisigem Wind, mal bei Londoner Dauerregen, in denen sie sich nicht nur um die Sicherheit im Wasser kümmert, sondern auch um den Zustand der Kabinen, Duschen und Rasenflächen. Ihre Erzählungen sind durchwoben von all den schönen, aber auch irritierenden, dramatischen und komplizierten Szenen, die sie während ihrer Arbeit erlebt. Von verzagten, blassen Frauen, die im Wasser aufblühen. Von sportlichen, selbstsicheren Besucherinnen, die bei der Begegnung mit einem

Karpfen – ja, es gibt dort welche – die Nerven verlieren. Von übermütigen Schwimmerinnen, die sich in der Winterkälte in Lebensgefahr bringen, bis hin zu Besucherinnen, die im Duschraum oder auf der Toilette atemberaubende Verwüstungen hinterlassen. Von den leeren Coladosen und verschmierten Essensresten, die sie aufsammelt und wegwischt, von verlorenen Kreditkarten, Eheringen und Telefonen, die sie findet und verwahrt. Sie kümmert sich um alles, damit der Teich auch am nächsten Morgen bereit ist für all die Begegnungen. Ohne Nell würde dort nichts funktionieren. Von allen hat sie die größte Nähe zu den Menschen und den genauesten Blick auf alles, was passiert. Und manchmal ist das ziemlich ermüdend.

Hin und wieder empfinde auch ich die Nähe zu anderen Menschen beim Schwimmen im Freibad als anstrengend. Es gibt diese Tage, da will sich die gewohnte Leichtigkeit nicht einstellen. Der Mann am Eingang wirkt gereizt, die Wespen schwirren aggressiv um einen überfüllten Mülleimer, jemand gibt die Außendusche nicht frei, drückt noch mal und noch mal den Knopf. Und kurz darauf schwimme ich im Slalom durch das Becken, dabei ist es eigentlich nicht voll, trotzdem scheinen die anderen und ich uns ständig in die Quere zu kommen. Während sie augenscheinlich ihren Rhythmus gefunden haben, finde ich mich nicht zurecht. Wasser schwappt mir über das Kinn, ich atme im ungünstigen Moment und verschlucke mich. Kurz darauf spüre ich einen Fuß am Oberschenkel, nur leicht, offenbar bin ich knapp einem kräftigen Tritt entkommen. Innerhalb kurzer Zeit scheint meine Energie aufgebraucht. Von dem Gefühl, mich mit dem Wasser zu verbünden, von ihm getragen zu werden, während ich langsam in einen meditativen Zustand hineinschwimme, bin ich meilenweit entfernt. Während ich die nächste Bahn beginne, kommt ein leises Gefühl von Trotz auf, denn jemand mit dunkler Brille und Badekappe krault mir mit Tempo entgegen. Ich denke: Sicher, du gehst jetzt selbstverständlich davon aus, dass ich ausweiche, aber da täuschst du dich, ich weiche nicht aus, ich weiche nicht aus, und ups, da bin ich ausgewichen, was bleibt mir auch anderes übrig. Auf einmal erscheint mir das Becken nicht mehr wie ein Treffpunkt der Zufriedenen, sondern wie ein Ring, in dem gekämpft wird. Wer ist schneller, wer ist stärker, wer ist zielstrebiger? Und ich werde noch trotziger. Wieder kommt mir jemand entgegen, und wieder denke ich: Jetzt aber werde ich nicht ausweichen, warum auch, warum *schon wieder* ich, diesmal nicht, und ich lege an Tempo zu, abtauchen, strecken, auftauchen, ich bin jetzt diejenige, die rücksichtslos ist und ihre Bahn verfolgt, und mit grimmiger Zufriedenheit registriere ich, dass es funktioniert hat, die andere Person ist ausgewichen. Ich habe gewonnen, denke ich noch, aber da fange ich schon an, mich ein bisschen zu schämen und zu wundern. Was ist mit mir los?

Ich habe beim Schwimmen unterschiedliche und teils auch widersprüchliche Seiten an mir entdeckt, wenn es um meine Reaktionen auf andere Menschen geht. Mal ziehe ich mit diesem Gefühl von Dankbarkeit und Einssein mit allem meine Bahnen. Mal will ich am liebsten im Wasser verschwinden, nichts hören, nichts sehen, auch nicht angesprochen werden, dann will ich mich einfach nur in der Bewegung auflösen, der Blick ist nach innen gerichtet, ich will allein sein.

An einem Tag sehe ich alles um mich herum ganz klar und finde es schön, das Rauschen der Blätter im Wind, den Geruch von Rasen und Chlor, den feinen Nieselregen, der mich kein bisschen stört. An einem anderen Tag friere ich schon beim Ankommen, der Wind lässt mich noch mehr frösteln, und dieser Nieselregen, wie schrecklich. Mal freue ich mich, mit anderen zu plaudern, wir tauschen uns aus über die unterschiedlichen Schwimmbäder und welche von ihnen besonders empfehlenswert sind. Und dann wieder schiebe ich beim Schwimmen eine Welle von Frust vor mir her, empfinde jeden kraulenden Menschen in meiner Nähe als rücksichtslos, bleibe hartnäckig auf meiner Bahn, als müsste ich allen anderen, eigentlich der ganzen Welt, beweisen, dass man sich mit mir besser nicht anlegt.

Einmal, während ich etwas giftig meine Bahn zog, trat ich gedanklich kurz aus mir heraus und betrachtete mich wie aus einiger Distanz. Was ging da mit mir vor? Hing dieses Gefühl von Missbilligung wirklich von äußeren Einflüssen ab? Von der Stimmung am Eingang, von den Wespen am Mülleimer, von den anderen Leuten im Becken, die mir schnurgerade entgegenschwammen, denen ich ausweichen musste, oder die dicht hinter mir kraulten, als wäre ich ihnen zu langsam? Oder wurde hier nur etwas sichtbar, das ich selbst ins Schwimmbad hineingetragen hatte? Waren meine Beobachtungen und Beurteilungen in Wirklichkeit nur Projektionen? Ging es eigentlich nur um meinen eigenen Stress und meine Empfindlichkeit, heute das kleinste Hindernis als Zumutung zu empfinden? Und mischte sich in das alles der ohnehin gesammelte Frust über unsere Ohnmacht gegenüber Kriegen, Pandemien, verfehlter Klimapolitik, Unternehmern und Politikern, die sich an diesen Krisen bereichern?

Inzwischen durchschaue ich, wenn ich zu viel mit ins Becken genommen habe und noch dazu mit dem falschen Fuß ins Wasser gestiegen bin; und ich weiß, an einem der nächsten Tage öffnet sich wieder eine andere Perspektive. Da lächelt mir eine ältere Frau zu, während sie langsam ihre Bahn zieht, ich höre den plauderhaften Mann, wie er jemandem zuruft: *Ist es nicht schön hier?* Zwei Leute schwimmen nebeneinander und unterhalten sich ausführlich über einen Film, den ich ebenfalls sehr mochte. Eine schmale Kindergestalt steht zögernd an der Kante des Fünfmeterturms, schließlich springt sie und wird von allen Seiten mit Applaus bedacht. Mit lautem, langem Applaus! Der Beweis, auch wenn man es nicht immer spürt oder glaubt: Da sind Menschen, die aufeinander achten und es gut meinen. In einem Teich oder Schwimmbecken, an einem Badestrand am See oder am Meer, überall dort passiert so vieles gleichzeitig, und die Begegnungen, Momente und Eindrücke werden zu einem feinen und komplexen Gewebe. Eine Miniaturversion des sozialen Miteinanders, an einem kleinen, überschaubaren und manchmal vielleicht magischen Ort. Mit-ein-ander, diese drei Silben – ja, ich weiß, eigentlich sind es vier –, die sich zusammenfügen, *eine, einer – mit – der, dem, den anderen* – all das sehe ich in diesen Silben.

DIESE SCHRECKLICH SCHÖNE KÄLTE

Ende Oktober auf der dänischen Ostseeinsel Samsø, die glatte See, der hellblaue Himmel, es sah aus wie an einem Tag im Juli oder August, als könnte man sich direkt ins 20 Grad warme Wasser fallen lassen. Doch der Anblick täuschte, 8, höchstens 9 Grad, auf mehr würde die Temperatur der Ostsee, dort, um diese Jahreszeit, nicht kommen. Auch lag keine Sommerwärme mehr in der Luft, die Sonne stand am frühen Nachmittag schon recht tief, ihr weiches, sattgelbes Licht hatte diese herbstliche Milde. Trotzdem, das glitzernde Meer sah einladend aus.

Im Badeanzug, mit einem großen Handtuch ausgestattet, stand ich am Strand und versuchte, den ersten Anflug von Gänsehaut am Rücken und an den Oberarmen zu ignorieren. Etwas entfernt sah ich ein Paar mit Hund, die beiden trugen Mützen und Parkas, sie hatten sich offenbar längst mit den Tatsachen abgefunden, der Herbst war angebrochen.

Ich würde schwimmen gehen, ohne zu zögern, sagte ich mir. Ich wusste, worauf ich mich einließ, um die neun Grad Badetemperatur, das kostete zwar Überwindung, aber es war noch gut auszuhalten. Mein Trick beim Hineingehen war simpel: Ich würde das Vorhaben nicht infrage stellen und nicht zu lange im Wasser herumstehen und abwarten, bevor ich eintauchte. An einem solchen Tag mit diesem sonnigen Wetter, ohne Wind und ohne Wellengang, wollte ich die Gelegenheit feiern. Den Sommer im Rücken, den Novemberherbst und den langen Winter vor mir; noch einmal den Badeanzug überstreifen, noch einmal im Meer schwimmen, eine kleine Abschiedsrunde für dieses Jahr.

Schwimmen im Herbst ist eine Frage der Einstellung, sagte ich mir. (Schwimmen im Winter sicher auch, aber da bin ich noch nicht angelangt.) Atmen, auf keinen Fall das Atmen vergessen, dachte ich, als ich im Wasser stand, dann tauchte ich ein, ja, es war ein Schock, und schwamm die ersten Züge. Das Wasser hatte nicht diesen weichen Auftrieb wie im Sommer, im Gegenteil, da war Widerstand, die Kälte forderte mich heraus. Na, wie lange hältst du es aus? Ich schwamm einige Meter, atmete, dann eine Runde, atmete, paddelte ein wenig auf dem Rücken, schau, dein Körper macht das mit, sagte ich mir selbst, gut hielt ich es aus, da war ein leises Gefühl von Triumph.

Beim Schwimmen im Kalten gilt die Faustregel, dass die Höhe der Wassertemperatur ungefähr der Anzahl der Minuten entsprechen sollte, die man im Wasser bleibt; acht Grad, acht Minuten, viel länger sollte das Bad nicht dauern, doch wer Erfahrung hat und die Reaktionen des eigenen Organismus gut kennt, kann länger schwimmen. Man sollte dabei in Küstennähe bleiben, damit man schnell ans Ufer gelangt, falls man sich geschwächt oder unwohl fühlt. Zu einer leichten Unterkühlung kann es schneller kommen, als man denkt, die Zeichen des Körpers sollte man unbedingt ernst nehmen. Dazu gehören neben dem Gefühl, zu zittern und zu frieren, auch Konzentrationsschwäche, Erschöpfung und eine verlangsamte Motorik – allerhöchste Zeit, um aus dem Wasser zu steigen und sich sofort mit Decken zu wärmen, die Hautdurchblutung wieder anzukurbeln und sich mit einer anschließenden lauwarmen Dusche langsam wieder auf eine normale Körpertemperatur zu bringen. Außerdem sollte man bei einem Ausflug ins kalte Wasser nicht allein unterwegs sein. Man sollte sich über die Regeln beim Outdoorschwimmen zuvor gut informieren; Vorbereitung, Übung und Vorsicht sind hier sehr wichtig.

Nach den ersten Minuten in der kalten Ostsee waren meine Hände gerötet wie nach einer Schneeballschlacht ohne Handschuhe, und das anfängliche Ziehen in den Fingern und Zehen breitete sich – noch leicht, aber deutlich – nun auch in den Armen und Beinen aus. Ich empfand eine gewisse Genugtuung dabei, sollte es doch ruhig ein wenig weh tun, dann spürte ich umso mehr, dass ich der kalten Ostsee standhielt, dass mein Körper das *schaffte*.

Alles war intensiv, jede Bewegung war wie eine neue Berührung mit dem Wasser, jedes Detail drang in mein Bewusstsein. Es war ein deutlich anderes Erlebnis als in einem Freibadbecken. Meine Wahrnehmung verlor sich nicht im Takt der Gleichmäßigkeit, da schlug kein inneres Metronom, das mich in einen meditativen Zustand schickte, der Körper und seine Schwerkraft ließen sich nicht vergessen. Das Schwimmen im Kalten bestand durch und durch aus kristallklaren Momenten. Prickelnde Kälte, unmittelbare Gegenwart. Mich durchströmte eine Welle von Euphorie und unbedingter Zuversicht. Ich schwamm eine weitere Runde, drehte mich wieder auf den Rücken und war voller Vorfreude. Worauf? Das konnte ich nicht sagen, es war ein Gefühl so glitzernd wie dieses kalte Wasser, ein Gefühl, das sich auf alles Mögliche bezog, kleine und große Dinge, Vorfreude auf die heiße Tasse Tee, die ich später trinken würde, Vorfreude auf die kommenden Tage, hier, am Meer, Vorfreude auf die Zeit mit den Menschen, die zu meinem Leben gehörten, Vorfreude auf das nächste Buch, das ich zaghaft anfing zu schreiben. Das Schwimmen im kalten Wasser war befreiend, es war eine Umarmung des Moments.

Vor einigen Jahren wäre ich an einem solchen Tag, bei diesen Temperaturen, ähnlich wie das Paar mit seinem Hund, in warmer Jacke und Mütze am Strand spazieren gegangen, ich wäre nicht auf die Idee gekommen, dass mit der Ostsee um diese Jahreszeit immer noch eine Einladung zum Schwimmen verbunden sein konnte. Doch mein Verhältnis zum kalten Wasser änderte sich während eines Besuchs in Schottland, im Herbst vor fünf Jahren.

Ich war mit einer kleinen Gruppe von Leuten unterwegs gewesen, an der Küste vor der Inselwelt im Westen, ich erinnere mich an ruhige, fast einsame Fahrten durch die gelblich grüne, hügelige Landschaft, überzogen von Wäldern, stellenweise moorig oder von schieferfarbenen Felsen durchzogen, ich erinnere mich an die immer graue Wolkendecke, die nichts Unfreundliches hatte, sondern in gemächlicher Bewegung über der Landschaft hing, manche Wolken glitten ganz tief über die Hügel hinweg, fast wie Nebelschwaden und zum Greifen nah. Die Luft roch immer ein wenig nach Regen, doch zwischendurch brachen Sonnenstrahlen durch die Wolken, jedes Mal wie eine kleine Sensation, sie warfen helle, eigenartig leuchtende Lichtflecken auf das Wasser und die Hügel. Für mich schien das Wetter wie gemacht für lange Spaziergänge, unverzichtbar waren ein Paar Gummistiefel und ein regenfester Parka. Wir übernachteten in einem Cottage nur wenige Hundert Meter vom Wasser, wo sich ein alter, etwas wackeliger Badesteg befand, neben dem ein kleines Schlauchboot mit Motor lag. Der Steg, bedeckt von nassen Blättern und Algen, wirkte wie ein Relikt aus dem Sommer, und selbst während der Sommerwochen hätte ich wahrscheinlich erst einmal den großen Zeh ins Wasser gehalten und gezögert hineinzugehen.

Jemand schlug vor, am nächsten Morgen schwimmen zu gehen, und einige andere stimmten zu, offenbar hatten die meisten von uns Badeanzüge im Gepäck. Ich war überrascht, Schwimmen, hier, bei dem Wetter. Ich selbst war nicht auf den Gedanken gekommen, im Gegenteil, ich war froh, dass ich dicke Wollsocken eingepackt hatte und es im Haus einen Kamin gab, mit einem besonders großen Sofa davor. Doch ich bekam das Angebot, mir einen Badeanzug zu leihen, und am nächsten Morgen, nach dem ersten Tee, zog ich ihn skeptisch an, mehr als Geste, um mir vorzumachen, es wenigstens zu versuchen, und dann doch am Steg zu bleiben und den anderen zu winken. Ich schlüpfte in einen warmen Pullover, wickelte mir ein Badehandtuch um die Hüften, stieg in die Gummistiefel und ging mit den anderen zum Steg. Der Rasen im Garten war feucht von Regen oder Morgentau, über den Hügeln und den herbstlich verfärbten Bäumen hing noch ein Hauch Nebel, alles wirkte ein wenig weichgezeichnet und gedämpft. Zwei Mutige von uns sprangen vom Steg direkt ins Wasser, mit lautem Juchzen, zwei andere stiegen über die Leiter hinein und schwammen los. In der Ferne sahen wir den kleinen Kopf einer Robbe, die kurz darauf wieder wegtauchte. Ich legte das Handtuch beiseite, setzte mich auf den Steg und hängte die Beine ins Wasser, es war kalt, aber bei Weitem nicht eisig. Nachdem ich eine Weile zugeschaut hatte, wie die anderen auf eine Boje, etwa 40, 50 Meter vom Steg, zuschwammen und sich fröhlich unterhielten, zog ich den Pullover aus und rutschte mit dem Hintern weiter an die Kante. Ich stützte mich mit den Händen ab und ließ mich ganz langsam bis zum Bauch hineingleiten. Es war ungelenk, wirklich unpraktisch, wie ich es anstellte. Nun gab es zwei Möglichkeiten, ich konnte mich direkt ins Wasser fallen lassen oder mich wieder hochstemmen und auf dem Steg bleiben. Ganz oder gar nicht. Ich ließ los, rutschte hinein, hielt die Luft an und machte hastig die ersten Züge, um mich zu vergewissern, dass ich nicht vor Schreck erstarrte. Doch der erwartete Schock trat gar nicht ein, das Wasser erschien mir zwar kühl, aber auch weich und angenehm, diese ganze Morgenstimmung hatte etwas Stilles und Sanftes. Ich fühlte mich aufgehoben und war zugleich erstaunt über das alles. So einfach war es also, Schwimmen im Oktober, in Schottland. Wer hätte das gedacht? Ich, die sich vor einigen Jahren noch während eines Sommerurlaubs auf Bornholm vorstellte, der Kreislauf würde die morgendlichen 18, 19 Grad Wassertemperatur nicht mitmachen. Ich erreichte die Boje und kehrte wieder zurück, drehte noch eine weitere Runde, konnte kaum genug bekommen, so leicht und unbeschwert war es, so unsagbar schön, zusammen mit den anderen, in dieser Landschaft. Als ich die Leiter hochstieg, fühlte ich mich wie verwandelt, und dieses Gefühl blieb den ganzen Tag über. Etwas hatte sich verändert. Am Abend dachte ich schon mit dieser Vorfreude an den nächsten Morgen, wenn wir wieder schwimmen gehen würden. Das Erlebnis in Schottland prägte sich mir ein, von da an spürte ich allein bei dem Gedanken an die ersten Schwimmzüge durch das kalte Wasser, an die weiche, kühle Morgenluft und die tief hängenden Wolken über den Hügeln wieder diese leise Euphorie. Von diesem Erlebnis, wenn sich nach dem Schwimmen die herbstliche Luft auf meine Haut legte, ohne dass ich auch nur ein wenig dabei fror, weil ich mit dem Bad im Kalten eine mühelose, glücklich machende Abhärtung hinter mir hatte und voller Energie war, von diesem Gefühl wollte ich mehr. Die Erinnerung daran löst auch jetzt, während ich darüber schreibe, sofort ein Verlangen aus. In diesem Zusammenspiel von Wasser, Kälte und dem eigenen Körper passiert etwas, das auf eine gewisse Weise süchtig macht.

Auch viele der Frauen aus den Hampstead Heath Ponds haben vor allem von den Winterbädern geschwärmt, und dabei fielen immer wieder die Worte *Energie, Elixier, Rettung* und *pure joy!* Doch weshalb genau übt kaltes Wasser diese Wirkung aus? Was passiert da im Körper und im Bewusstsein? Es gibt einen großen Kosmos aus Informationen und Erfahrungsaustausch, aus wissenschaftlichen und medizinischen Artikeln, Podcasts zum *Outdoor* und *Wild Swimming*, Schwimmtagebüchern, praktischen Ratgebern, Filmen zu gesundheitlichen Aspekten, von kaltem Wasser als Reha-Maßnahme nach schweren Verletzungen, als Unterstützung bei Drogenentzug bis hin zur Migränebehandlung.

Der Körper reagiert auf das kurze Bad im kalten Wasser mit einer verstärkten Produktion der Botenstoffe Dopamin und Serotonin, beide auch als Glückshormone bekannt, sowie des Botenstoffs Noradrenalin, ein Neurotransmitter, der das Nervensystem aktiviert und die Herzfrequenz erhöht, die Aufmerksamkeit steigert und dem Körper einen Energieschub verleiht. Durch die Minuten in der Kälte verengen sich die Gefäße, die Durchblutung aller Organe wird verstärkt. Dieses Gefühl von Erneuerung, dieses magische Hoch aus

Euphorie, Zuversicht und Tatendrang hängt also mit den Botenstoffen und der Durchblutung zusammen.

Studien haben gezeigt, schon bei einer Temperatur von 14 oder 15 Grad beginnt der Körper sein Dopamin und Serotonin verstärkt zu produzieren, es muss also noch nicht einmal das Eisschwimmen sein. Doch jedes Mal, wenn ich mich mit diesen Details befasse, spüre ich einen Anflug von Widerwillen. Ich möchte die biochemischen Zusammenhänge eigentlich lieber schnell wieder vergessen. Es ist, als würde jemand ein Geheimnis lüften, das ich mir gern erhalten hätte, denn es schwimmt und taucht sich schöner mit diesem Geheimnis. Auch D. H. Lawrence meldet sich wieder mit seiner Formel; H_2O, Wasserstoff, Sauerstoff, dazu das dritte, *nobody knows what it is*, das magische Element, und so ähnlich empfinde ich es mit der Euphorie, wie die Ladys im Pond rufen, *pure joy*, ich muss nicht die biochemischen Vorgänge hinter dieser Freude durchschauen, denn die Botenstoffe meines Glücks sind vor allem die Momente im Wasser, diese Augenblicke, *Ach du meine Güte, ist das kalt*; gefolgt von *Ach du Schreck, es ist WIRKLICH kalt*; abgelöst von *Unfassbar, ich schwimme!*, weiter gefolgt von *Mein Körper kann mehr ab, als ich dachte, ich bin unbesiegbar*, und schließlich *Ist dieser Tag nicht einfach fantastisch?*

VERWANDLUNGEN

Vor einiger Zeit las ich die Geschichte einer Eistaucherin in Finnland. In einem winterlichen See taucht sie meterlange Strecken unter der dicken Eisschicht, findet Schönheit in dieser kalten Tiefe, verschwindet in dieser Welt dort unten, in der Stille. Auch die Bilder von ihr haben mich eine Weile nicht losgelassen, in dieser unwirklichen Atmosphäre unter dem Eis, die schwarzblaue Weite, die feinen Bläschen, diese Abgeschiedenheit, fast so, als würde die Frau durch das All schweben, als spielten Raum und Zeit keine Rolle für sie. Auf manchen Fotos trägt sie zu ihrem Neoprenanzug eine einteilige breite Flosse, eine sogenannte »Monoflosse«, in der beide Füße stecken, und sieht aus wie eine Nixe.

Durch die Geschichte der finnischen Designerin und Sporttaucherin Johanna Nordblad erfuhr ich, dass das Schwimmen in Eiswasser eine Therapie gegen Schmerzen sein kann. Das hat unter anderem wieder mit dem Botenstoff Serotonin zu tun. Das Glückshormon unterstützt das Nervensystem bei der Verarbeitung von Schmerzen. Für manche Menschen ist das Schwimmen im kalten Wasser also auch in dieser Hinsicht eine existenzielle, lebensverändernde Erfahrung.

Nach einem Unfall auf dem Mountainbike im Jahr 2010, durch den sich Johanna Nordblad schwer am Bein verletzte, entdeckte sie die Wassertherapie für sich. Sie hatte sich mehrere komplizierte Brüche zugezogen, die länger als ein Jahr brauchten, um zu heilen, nach 18 Monaten konnte sie erst langsam wieder anfangen zu gehen. Die Schäden in den Nervenbahnen waren so ausgeprägt, dass sie auch nach diesen anderthalb Jahren noch unter starken Schmerzen litt, ein Arzt empfahl ihr Bäder in kaltem Wasser als Linderung. Sie glaubte eigentlich nicht daran, dass es helfen würde, doch versuchte es trotzdem. Im nahen Schwimmbad setzte sie sich an das kalte Saunatauchbecken und hielt ihr Bein bis zum Knie ins Wasser. Bei den ersten Malen explodierte der Schmerz förmlich, von Besserung keine Spur, doch sie machte weiter, fuhr regelmäßig zum Schwimmbad, setzte sich ans kalte Becken, hängte das Bein hinein, und schließlich veränderte sich etwas, der Schmerz zog sich zurück. Mit der Zeit hielt sie beide Beine ins Kalte, bald stieg sie mit dem ganzen Körper hinein, und sie stellte fest, dass die Kälte sich beruhigend auf sie auswirkte, eine innere Ausgeglichenheit erzeugte, zusammen mit dem Gefühl, geistig hellwach und wie erfrischt zu sein. Daraus entwickelte sich ihre Liebe zum Eisbaden, und schließlich kam das Tauchen hinzu.

Nordblads Familie besitzt ein kleines Haus am See Sonnanen, im Süden Finnlands, etwa 180 Kilometer von Helsinki entfernt. Im Winter, wenn der See zugefroren ist, sägt Johanna Nordblad ein Becken in die dicke Eisschicht, zieht dort ihre Bahnen, schwimmend und tauchend, oft in Begleitung ihrer älteren Schwester, der Fotografin Elina Manninen.

Aus dem Therapievorschlag des Arztes wurde so viel mehr, Nordblad, eine geübte Freitaucherin, machte das Tauchen durch das eiskalte Wasser zu ihrem Sport, zu einer Erkundung der Welt unter dem Eis und der Fähigkeiten ihres eigenen Körpers in diesem Element; und sie setzte sich konkrete, messbare Ziele. Im März 2015 brach sie den Weltrekord für Frauen im Eistauchen, indem sie 50 Meter zurücklegte. Sechs Jahre später, im März 2021, steigerte sie sich noch einmal und stellte den Weltrekord von 100 Metern auf, die sie im See Öllöri, mehr als 600 Kilometer nördlich von Sonnanen, unter einer 60 Zentimeter dicken Eisschicht schaffte, nicht von Neopren geschützt, sondern nur in einem Badeanzug.

Es gibt einen Dokumentarfilm, der die Vorbereitungen auf dieses Rekordtauchen und das Ereignis festhält, *Die Eistaucherin*, der mich bewegte und eine seltsame Melancholie auslöste. »Tief unten sind keine Farben und keine Geräusche, da ist nichts, man ist ganz allein mit sich selbst«, sagt Johanna Nordblad an einer Stelle im Film.

Im Eiswasser zu schwimmen ist für den Körper schon eine Herausforderung, doch das Tauchen unter Eis bringt den Organismus noch einmal an ganz andere Grenzen, das Risiko von Unterkühlung und Sauerstoffmangel in den Organen und im Gehirn ist um ein

Vielfaches größer. Jeder Tauchgang ist ein gefährliches Abenteuer und in gewisser Weise eine Wette gegen den eigenen Körper. Die Eisschicht auf dem See ist trübe und häufig mit Schnee bedeckt, die Sicht unter dem Eis ist schlecht, es gleicht einer Reise durch die Dunkelheit, man kann leicht die Orientierung verlieren, besonders im Fall einer sich langsam aufbauenden Unterkühlung, wenn Muskelkraft und Wahrnehmung nachlassen. Im Film erfährt man, dass für Nordblads Tauchgänge im Abstand von einigen Metern Löcher ins Eis geschlagen wurden, wie Notausgänge. Sie taucht unter diesen Öffnungen hinweg, auch eine Leine ist unter dem Eis entlang der Strecke gespannt, damit sie sich im Notfall daran orientieren und entlangtasten kann. Jeder Tauchgang verläuft nach genauem Plan und Absprachen.

Neben dieser Entschlossenheit, mit der Nordblad ihrer Sehnsucht folgt, hat mich besonders die Position der Schwester berührt. Die liebende, fürsorgliche Beobachterin. Bei den Vorbereitungen für den Rekordtauchgang ist sie immer an Nordblads Seite und achtet sehr konzentriert auf jedes Detail, jederzeit bereit einzugreifen, zu helfen, zu retten. Sie kommt im Film einige Male zu Wort, und man sieht ihr an, dass sie sich Sorgen macht, dass sie in manchen Momenten von der Angst gepackt wird, ihre jüngere Schwester könne nicht wieder auftauchen. Sie steht auf dem gefrorenen See und kann nichts anderes tun, als abzuwarten, ruhig zu bleiben und zu akzeptieren, dass es das ist, was ihre Schwester will – unter dem Eis verschwinden, einen Rekord aufstellen, erforschen, wozu ihr Körper imstande ist. An einer Stelle sagt Elina Manninen, sie sei auf alles gefasst, auch auf das Schlimmste, nämlich darauf, dass ihre Schwester unter Wasser das Bewusstsein verlieren könne und vor dem Ertrinken oder Erfrieren gerettet werden müsse. Sie führe sich das klar vor Augen, jedes Mal wieder, um darauf vorbereitet zu sein und sofort handeln zu können. Was für eine Vorstellung: diese Bereitschaft, diese Gefühlslage. Doch sie würde ihre Schwester nie darum bitten, mit dem Eistauchen aufzuhören. Weil es das sei, *was Johanna liebt*.

Elina Manninen, die sich immer wieder dieser Gefühlslage aussetzen muss, Liebe und Verlustangst, erinnerte mich an eine Kurzgeschichte, die ich vor längerer Zeit gelesen hatte. »Moth« von der britischen Schriftstellerin Rose Tremain, eine Short Story, die 2005 in ihrem Erzählband *The Darkness of Wallis Simpson* erschienen und später für die BBC vertont worden war. Darin geht es um eine alleinerziehende Mutter, die in den USA in einem Trailerpark lebt und deren kleinem Kind, noch ein Säugling, Flügel wachsen. Der französische Regisseur François Ozon verfilmte die Geschichte einige Jahre später unter dem Titel *Ricky*.

Es beginnt mit rätselhaften Anzeichen, zwei kleinen Beulen am Rücken des Babys, die wie Hämatome oder Schwellungen aussehen und Ricky offensichtlich Schmerzen bereiten. Eines Tages aber schwebt das Baby dann zur Überraschung der Mutter unter der Zimmerdecke. Ricky hat Flügel und fühlt sich vor allem von Licht angezogen, wie eine Motte. Seine Mutter stellt das vor komplizierte Herausforderungen. Beim Einkaufen, wenn sie ihr Baby dabeihat, muss sie darauf achten, dass die Flügel verborgen sind, nicht nur, um das Geheimnis zu hüten, auch, damit ihr das Kind nicht einfach davonfliegt. Doch mit der Zeit erfahren auch andere Leute davon, der Kindsvater kehrt zurück und versucht, aus seinem fliegenden Kind ein lukratives Spektakel zu machen, die Geschichte nimmt kein glückliches Ende.

Nachdem ich selbst ein Kind bekommen hatte, musste ich wieder an »Moth« denken, es hatte wahrscheinlich mit diesen neuen Erfahrungen während der ersten Wochen und Monate nach der Geburt zu tun, die wie durchzogen sind von schönen, von erstaunlichen Momenten, aber auch von so vielen winzigen Abschieden, wenn eine Entwicklungsphase des Kindes von der nächsten abgelöst wird, Veränderungen, immer wieder, in so kurzen Abständen, dass die eigenen Gefühle kaum hinterherkommen. Mir wurde noch einmal klar, wie herzzerreißend die Situation in »Moth« war. Die Mutter muss es aushalten, dass ihr erst wenige Monate altes Kind davonfliegen könnte, dass ihm etwas *zustoßen* könnte. Für mich waren die Flügel wie ein Bild für das, was alle Eltern, Großeltern, Geschwister oder andere Liebende und Erziehende erleben, wenn sie auf einmal Verantwortung für ein schutzloses Lebewesen tragen, und wenn dieses Kind dann aufwächst, wenn es seinen Weg sucht, wenn es erwachsen wird. Wenn man das eigene Kind fliegen sieht, immer mit der Furcht, es könne nicht zurückkehren, und dabei hinnehmen muss, dass es weder um seine besondere Freiheit noch um die vielen lauernden Gefahren weiß.

Doch was hatte diese Short Story mit der durch die Kälte tauchenden Finnin zu tun? Für mich hing es mit der Perspektive ihrer Schwester, Elina Manninen, zusammen. Es ging um Liebe und Angst vor Verlust, und darum, dass man geliebte Menschen ziehen lassen musste, damit sie tun konnten, wonach ihnen war, und gehen, wohin sie wollten, unabhängig und frei. Das Wissen um Vergänglichkeit, die Zeit vor dem Davonfliegen, dem Davontauchen, die so schmerzhaft begrenzt erscheint und sich nicht festhalten lässt. Die Zeit, die uns und unseren Lieben bleibt. Für mich schwebt in manchen Momenten eine leise Trauer um diese Vergänglichkeit mit.

Das war es, was mich an der Situation von Elina Manninen so berührte, wie sie ihre tauchende Schwester mit Fürsorge, Liebe und auch mit schrecklicher Angst unter der Eisdecke verschwinden sieht.

Aber da gibt es noch die andere Seite, die Perspektive des fliegenden Kindes, das nichts von Vergänglichkeit weiß, und die Erfahrungen der unter dem Eis tauchenden Johanna Nordblad, die ihre Schmerzen hinter sich lässt und ihre innere Ruhe findet, die in diesem eisigen Wasser eine Verwandlung durchmacht. Ich stelle es mir vor als einen Zustand, in dem für eine Weile die Zeit stehen bleibt, weil der Körper durchdrungen ist von diesen intensiven Momenten und die Gegenwart sich dehnt. Für eine Weile spielen weder Verletzbarkeit noch Vergänglichkeit eine Rolle. Jeder Tauchgang ist wie ein Akt des Widerstands gegen die Endlichkeit, gegen die eigene Sterblichkeit, jede Reise unter das Eis ein Neubeginn.

Schwerelos sein, der Zeit entfliehen, davonfliegen, davonschwimmen. Vielleicht hängt das Geheimnis des dritten, des unbekannten, magischen Elements, von dem D.H. Lawrence sprach, genau damit zusammen. Mit dieser Erfahrung, nach der nicht nur die Eistaucherin sich sehnt, sondern auch wir, die wir im kalten, eiskalten Wasser unsere Runden drehen, wir alle, die wir beim Gedanken an das Schwimmen in der Kälte sofort wieder von dem Verlangen nach dieser Erfahrung berührt werden.

Das nächste Mal, wenn ich im Winter an der Küste bin, werde ich mir die Socken und Handschuhe aus Neopren überziehen, die Mütze aufsetzen und mich ins Wasser trauen, und ich werde dabei an die Eistaucherin denken, an ihre Entschlossenheit. Für einen Moment werde ich vielleicht auch diesen Zustand der inneren Ruhe finden und dem Gefühl von Vergänglichkeit etwas entgegensetzen, während ich durch das kalte Wasser gleite und kurz in einem endlosen Moment schwebe, das Prickeln auf der Haut, jeder Atemzug und jede Bewegung ein winziger, belebender Schreck, kristallklare Wahrnehmung, wach, hellwach und danach für eine Weile wie neugeboren.

ETWAS NEUES LERNEN

Mit fünf, fast sechs Jahren hat mein Sohn zusammen mit einem Freund einen Schwimmkurs besucht. Zu viert, wir Mütter, die Kinder, fuhren wir einmal die Woche ins Schwimmbad. Während die Kinder Froschbewegungen lernten, nutzten wir die Zeit, um im Außenbecken ein paar Bahnen zu ziehen.

Die erste Schwimmstunde der Kindergruppe fand in einem kleinen, abgetrennten Bereich statt, hinter einer Wand mit Bullaugen. Der Lehrer, er hieß Waldemar, stand mit den Kindern in einem sehr kleinen Becken und fing mit einfachen Übungen an, die sich erst einmal nur darum drehten, sich ans Wasser zu gewöhnen – an das Gefühl, Wasser in die Augen zu bekommen und sich nicht zu erschrecken, das Atmen nicht zu vergessen, unterzutauchen und sich auf dem Rücken treiben zu lassen. Während dieser ersten Stunde haben die andere Mutter und ich einige Male vorsichtig durch die Bullaugen einen Blick auf die Gruppe geworfen, um zu sehen, wie es unseren Kindern geht. Beide Jungen hatten sich nur mühsam zu dem Kurs überreden lassen. Durch das kleine Fenster sah ich das unzufriedene und vor allem verzagte Gesicht meines Kindes, seinem Freund schien es nicht besser zu gehen. Ich hatte ein schlechtes Gewissen, die beiden schienen ein bisschen verloren und überfordert.

Der Grund, warum wir die Kinder für den Kurs angemeldet hatten, hing mit der bevorstehenden Einschulung zusammen. Von der Grundschule hatte es die dringende Bitte gegeben, dafür zu sorgen, dass die Kinder mit Beginn der ersten Klasse schwimmen konnten. Wir Mütter hatten gedacht, ein gemeinsamer Kurs könnte ihnen Spaß bringen. Mein Sohn entdeckte mein Gesicht am Bullauge und warf mir einen vorwurfsvollen Blick zu.

Erst nach der dritten Woche wurde es besser, die beiden freuten sich zwar immer noch nicht besonders auf den Kurs, aber immerhin auf das Toben hinterher, im Abenteuerbecken mit den Höhlen und den Wasser speienden Dinosaurierfiguren, auf die Rutsche und auf die Pommes und Weingummis, die es im Bistro gab. Sie selbst bemerkten nicht, wie sie von Woche zu Woche anders mit dem Wasser umgingen, wie sie es sich zu eigen machten, immer mutiger wurden, wie das Schwimmen und Tauchen immer selbstverständlicher wurden und wie sie das auch sicher und frei beim Spielen im Wasser machte. Doch wir Mütter, wir sahen es, und unser schlechtes Gewissen verflog langsam.

Trotzdem bedauere ich es inzwischen ein bisschen, dass ich meinem Kind das Schwimmen nicht selbst beigebracht habe. Heute frage ich mich, ob es nicht auch etwas mit dem höheren Anspruch an Optimierung und Effizienz zu tun hatte, der in den vergangenen Jahren oder Jahrzehnten stetig gestiegen ist, und der in den unterschiedlichsten Bereichen des Lebens – ob Arbeit, Freizeit oder Kindererziehung – eine Rolle spielen kann. Die beiden Jungen lernten in der Gruppe von einem zertifizierten Lehrer von Grund auf die Technik des Brustschwimmens, während wir Mütter die Zeit optimal nutzen konnten, um selbst einige Bahnen zu schwimmen. Das Ganze war durch und durch sinnvoll. Trotzdem: Durch die Begegnungen mit meinem Vater im Freibad, im Sommer 2020, verstand ich erst wirklich, was für eine wichtige Erfahrung es sein konnte, das Schwimmen von einer vertrauten Person zu lernen, wie einprägsam es war, diese kleinen Erfolgsschritte gemeinsam zu erleben.

Einige Jahre später bot sich doch noch eine Chance für mich, als der inzwischen Elfjährige für einen Wassersportkurs in den Ferien ein Bronzeabzeichen brauchte und auf einmal fest davon überzeugt war, die 15 Minuten Schwimmen ohne Unterbrechung nicht zu schaffen, sich geradezu vor der Herausforderung fürchtete.

Mehrere Bahnen am Stück schwimmen zu können, den Elfjährigen hatte das selbstverständlich bisher nicht interessiert, er wollte vom Einmeter- oder Dreimeterbrett springen, in allen möglichen Varianten, er wollte mit seinen Freunden tauchen und im Wasser raufen, vielleicht den Fünfmeterturm endlich schaffen. Im Winter gingen wir freitags oft ins Hallenbad, wenn alle 20 Minuten der Wellengang eingeschaltet wurde und die Kinder auf einer Matte wie auf einem Floß über das wogende Wasser gleiten und sich gegenseitig hineinschubsen konnten. Eine Bahn zu schwimmen, das wäre ihnen selbstverständlich nie in den Sinn gekommen.

So langweilig, wie der Elfjährige diese Vorstellung, *einfach nur zu schwimmen*, fand, so sehr wurde dieses monotone Durchhalten über mehrere Bahnen nun zu einer unbehaglichen Herausforderung. Genau genommen waren es nur 200 Meter, die er zurücklegen musste. Aber ihm kam das unheimlich lang vor.

Wir gingen einige Male ins Freibad, um zu üben. Wir schwammen nebeneinanderher, und ich sagte ihm, dass er seine Kräfte sparsam einsetzen musste, um nicht zu schnell zu ermüden oder außer Atem zu geraten, und wie man das überhaupt machte, Kraft zu sparen. Es hatte mit einer Mischung aus Langsamkeit und Geduld zu tun, versuchte ich ihm zu erklären. Langsamkeit war bei den Kindern vor allem mit Langeweile verbunden, in bestimmten Situationen sogar mit Schwäche, denn auf dem Schulhof oder im Sportunterricht wollte fast niemand langsam sein. Geduld war auch nicht besonders beliebt, sie hing mit Situationen zusammen, in denen das, was man sich wünschte, nicht passierte oder es bis dahin zumindest ziemlich lange dauerte. Ich erklärte meinem Sohn, dass es nun genau darum ging: nicht schnell sein zu wollen, nicht sofort ein Ziel erreichen zu wollen. Ich verwendete das Wort *Ausdauer* und stellte fest, dass ich dem Elfjährigen erst einmal erklären musste, was mit diesem Ausdruck gemeint war; was bedeutete Ausdauer konkret? Wie ließ sie sich umsetzen? Was musste man tun, um ausdauernd zu sein?

Wir schwammen und redeten dabei über Kraft und Atem, und darüber, dass man seine Kraft wie einen Vorrat betrachten musste, von dem man in jedem Moment immer nur das Notwendige verbrauchte. Kraft plus Langsamkeit plus Geduld, das ergab Ausdauer. Ich erklärte, dass man die Langeweile und die Ungeduld austricksen konnte, wenn man diese Minuten, in denen nichts passierte außer der Wiederholung der Schwimmbewegungen, versuchte für etwas zu nutzen, zum Beispiel, um in aller Ruhe zu beobachten, was um einen herum geschah, oder um den eigenen Gedanken nachzuhängen, sich mit einer Sache zu beschäftigen, die man sehr mag, man konnte sich überlegen, welches die zehn liebsten Bücher waren, oder versuchen, sich an die zehn schönsten Momente der letzten Tage zu erinnern. Sich gedanklich mit etwas zu beschäftigen würde von der Länge der Bahnen ablenken. So schwammen wir nebeneinanderher, 50 Meter, 100, dann 200. Zwei weitere Male gingen wir danach ins Schwimmbad, an einem besonders schönen, sonnigen Mittag ließ ich ihn dafür Schule schwänzen, wir schwammen und redeten weiter über Ausdauer, für welche Situationen und Aufgaben man sie brauchte, und auf einmal bemerkte mein Sohn, dass die anfangs unangenehm langen fünfzehn Minuten zu einer Kleinigkeit geworden waren.

Dann verabredeten wir einen Termin mit einem Bademeister im Freibad. An dem Nachmittag schien die Sonne, der Elfjährige schwamm mühelos seine Bahnen. Doch vor allem konnte ich in seinem Gesicht die Konzentration sehen, und sogar eine gewisse Reife, einen leisen ernsten Stolz, sich in Langsamkeit und Geduld zu üben. Zufrieden ließ er sich hinterher das Stoffabzeichen und das kleine Faltblatt geben. Zwei Tage lag beides auf dem Schreibtisch, gut sichtbar. Eine Woche später verschwanden Abzeichen und Faltblatt in der Schublade, und niemand hat je wieder danach gefragt. Doch diesen verstohlenen Stolz und die Freude, ein kurzes Aufleuchten im Gesicht, als es geschafft war, sehe ich noch vor mir. Auch wenn ich meinem Kind nicht das Schwimmen beigebracht habe, bleibt vielleicht dieser Sommer in Erinnerung, das Freibad, die sonnigen Tage, das Schuleschwänzen zwischendurch, das alles andere als optimiert und effizient gewesen war, das Üben von Ausdauer.

Im vergangenen Jahr habe ich selbst das erste Mal seit der Schulzeit wieder Schwimmunterricht gehabt. Eine Freundin und ich hatten zusammen einen Freistil-Kurs gebucht. Die Gruppenkurse »Kraulen für Anfänger« im Verband der Schwimmbäder waren für die kommenden Monate durchweg ausgebucht, unter anderem hatte das noch mit den Auswirkungen der Pandemie zu tun, da in den vergangenen zwei Jahren viele geplante Kurse verschoben worden waren und immer noch nachgeholt wurden. Also meldeten wir uns bei einer Schwimmschule für einen Kurs zu zweit an.

1000, 2000 Meter Brustschwimmen waren für uns keine Herausforderung, doch wir beide konnten nicht eine einzige Bahn im Kraulmodus durchhalten. Wir stellten fest, dass wir eigentlich wenig über die Technik wussten, auch YouTube-Tutorials hatten uns nicht weitergeholfen. Sich die Tipps und Anleitungen einzuprägen und es allein zu versuchen sagte einem ja noch nichts darüber, ob man es richtig machte, es brauchte nun einmal den wissenden Blick von außen.

Wir trafen uns morgens um zehn mit J., unserem Trainer, am Eingang des Hallenbads, und ich stellte bei mir zwar Vorfreude, aber auch eine gewisse Skepsis und Nervosität fest, diese emotionale Mischung, die mich an die Schulzeit erinnerte. Wenn ich nicht einschätzen kann, was auf mich zukommt und befürchte, dass ich mich ungeschickt anstellen werde. Offenbar ist diese Gefühlslage keine Frage des Alters.

Wir stiegen die Treppe hinab ins Becken, der Trainer blieb draußen am Rand. Als Erstes ging es um die Atmung, wir standen im Becken nebeneinander, streckten die Arme, berührten mit den Händen den Beckenrand und hielten das Gesicht ins Wasser, atmeten in das Wasser aus, sodass es sprudelte, dann drehten wir den Kopf zur Seite, atmeten tief ein, wieder zurück ins Wasser, atmeten aus, dann zur anderen Seite, atmeten ein. Immer wieder, Luftholen, Gesicht ins Wasser und ausatmen, Kopf zur Seite, Luftholen. Als Nächstes ging es um die Beinarbeit. Ausgestreckt, mit einem Brett in den Händen, übten wir den Beinschlag, erfuhren, worauf es ankam, die Stärke des Beinschlags sollte aus den Hüften heraus kommen, dabei galt es, auf die Spannung in Bauch und Gesäß zu achten, um den Körper gerade und gestreckt zu halten.

Im nächsten Schritt versuchten wir das alles, die

Beinarbeit, die Spannung in der Körpermitte, die Kopfhaltung und die Atmung zur Seite miteinander in Einklang zu bringen. Die Arme gestreckt, das Brett in den Händen, die Beine in Bewegung, alles gleichzeitig zu beachten war schwerer und komplizierter als gedacht, mir ging schneller als erwartet die Puste aus.

Ausatmen ins Wasser, Kopf drehen, schräg nach hinten schauen, Luftholen, so einfach war auch das nicht, ich atmete zu schnell und flüchtig aus, beim Luftholen drehte ich den Kopf so, dass mir Wasser in den Mund schwappte und ich mich verschluckte. Jede dieser Kleinigkeiten hinderte mich daran, auch nur in die Nähe eines eigenen Rhythmus zu kommen, kein Gedanke mehr an Beinschlag und Körperspannung, an anmutiges Vorankommen. Ich wurde ungeduldig, ein Anflug von Ernüchterung meldete sich. Jedes Schwimmbecken zog mich magisch an, ich liebte türkisfarbene Kacheln und den Geruch von Chlor, ich wurde euphorisch beim Anblick eines Badestegs, und nun stellte ich mich so ungeschickt an.

Mit diesen ersten Anhaltspunkten, Atmung, Beinschlag, Körperspannung, lieh ich mir daraufhin ein Brett im Freibad und probierte mich weiter daran. Es war mühsam, nach 20 oder 30 Metern war ich außer Atem, wenn ich mich nicht vorher schon wieder beim Luftholen verschluckt hatte. Wie mein Vater vor über vier Jahrzehnten zu mir und wie ich zu meinem Kind gesagt hatte, erinnerte ich mich nun selbst daran, *nicht zu hektisch, Ruhe bewahren, langsam und konzentriert bleiben.*

Beim nächsten Treffen kam die Bewegung der Arme hinzu, und wir übten eine Stunde auch das. Atmung, Beinschlag, Armschlag, Körperspannung, vier Fragmente waren es noch für mich, die ich wie große Puzzleteile zusammenfügen musste.

Einige Tage später, wieder allein im Becken, versuchte ich es erneut. Zwischendurch machte ich Pausen, dann kraulte ich wieder einige Meter, das Atmen zur einen Seite ging besser als zur anderen. Doch kaum kam ich etwas voran, bemerkte ich wieder, dass ich nicht mehr auf die Körperspannung und die Kopfhaltung achtete, und kaum hatte ich das erkannt, ging mir wieder der Atem aus. Immer wieder setzte ich neu an, und dann, auf einmal, während ich mich durch das Becken bewegte, Beinarbeit, Spannung, Armschlag, Luftholen, kam endlich der Moment, da auf einmal alles ineinander griff, und ich spürte, *Ah, DAS ist es, SO ist es gemeint*.

Ich hatte mich selbst dabei beobachten können, diesen Lernprozess zu durchlaufen; zu akzeptieren, dass mir etwas nicht so schnell gelang wie erwartet, mich darauf einzulassen, dass es Zeit und Mühe kostete, dass kein Weg an der Geduld vorbeiführte, dass es keine Abkürzungen gab, um schließlich diesen Erfolgsmoment zu erreichen, um ihn wenigstens einmal kurz zu fassen zu bekommen.

Das Ganze erinnerte mich an einen mir sehr vertrauten Prozess, der ebenfalls mit der Frage von Ausdauer zu tun hat: an mein Schreiben; die ersten Versuche an einem Text, das Umkreisen einer noch nicht vertrauten Figur, die Suche nach dem Erzählton, das Erforschen einer möglichen Geschichte, die sich aber noch nicht in Gänze zu erkennen gibt, der lange Atem, den es braucht, das wiederholte Scheitern und die Geduld.

AUSDAUER, SCHWIMMEN, SCHREIBEN

I will cut adrift – I will sit on pavements and drink coffee – I will dream; I will take my mind out of its iron cage and let it swim – this fine October«, schrieb Virginia Woolf am 15. Oktober 1927 in ihr Tagebuch über die Sehnsucht nach diesem Moment – *Ich werde mich treiben lassen; werde träumen; werde meinen Verstand, meine Gedanken schwimmen lassen* – diesem Moment, wenn sich Ideen eröffnen und an überraschende Orte führen, sich neue Zusammenhänge ergeben und das innere Notizbuch sich fast wie von allein vollschreibt. Schwimmen, sich forttragen und verwandeln lassen.

Und dann gibt es diese Tage, an denen das nicht gelingen will; da sitze ich wie versteinert vor dem Computer mit einem vagen Gefühl, wo es hingehen soll, doch die Geschichte und die Figuren geben ihr Geheimnis noch nicht preis, das *Eigentliche*, das, wonach ich die ganze Zeit suche, will sich nicht in Worte übersetzen lassen. Das Schreiben scheint so kompliziert und sperrig, zwischendurch vergesse ich sogar zu atmen. Meine Suchbewegungen münden in einem viel zu kleinen Raum und tragen mich nirgendwohin, der Moment der Befreiung will sich nicht einstellen. Die Sehnsucht wächst, dass dieses erstarrte Warten und Denken sich endlich auflösen, sich verflüssigen möge, damit mich etwas mitreißt und treiben lässt wie das Wasser in einem Fluss. Schreibend eine Transformation durchzumachen, das ist der Idealzustand. Auf diesen Zustand warte ich vor dem Computer, darauf schreibe ich hin, auf der Suche nach diesem *einen Satz*, mit dem die Verwandlung beginnen kann.

Dieses angestrengte Schreiben, wenn der Atem stockt und die Rückenmuskeln sich verhärten, als würde das beim Denken in irgendeiner Weise helfen (tut es selbstverständlich nicht), erinnert mich an die Tage im Schwimmbad, wenn ich etwas müde ins Becken steige und nach den ersten Bahnen noch immer nicht richtig angekommen bin. Körper und Wasser wollen keine Verbindung eingehen, die Beine fühlen sich schwer an und die Arme ungelenk. Der Elementwechsel will nicht gelingen, das Wasser will mich nicht tragen. Doch jedes Mal ist es so, dass nach der fünften oder sechsten Bahn, an weniger guten Tagen auch erst nach der achten oder zehnten, die Schwere nach und nach verschwindet. Das Wasser wird freundlich und wohlwollend und lässt endlich auch die Gedanken fließen. Da ist Transparenz und Leichtigkeit. Schreiben und Schwimmen, beides kann für mich nach einem ähnlichen Schema verlaufen.

Wie beim Winterschwimmen und der Euphorie, wenn es die hormonellen Botenstoffe Dopamin und Serotonin sind, mit denen das Glücksphänomen zusammenhängt, gibt es auch für den Übergang von der Mühsal zur Leichtigkeit beim Schwimmen eine biologische Erklärung. Sie hat mit dem Energiestoffwechsel zu tun.

Es geht dabei um *anaerobe* und *aerobe* Energiegewinnung. Das Verhältnis von anaerober zu aerober Energie hängt von der Dauer der sportlichen Bewegung und von der Intensität ab. Beim Schwimmen arbeitet der Energiehaushalt während der ersten 50 bis 100 Meter, manchmal auch länger, überwiegend anaerob. Erst ab zweihundert Metern geschieht der Übergang, die aerobe Phase beginnt. Worin liegt der Unterschied, was passiert da im Körper?

Bei einer kurzen, intensiven Belastung braucht der Körper innerhalb kurzer Zeit viel Energie. In dem Fall verwandelt der Organismus Kohlehydrate durch Milchsäuregärung in Energie um, hier handelt es sich um den anaeroben Energiestoffwechsel. Die anaerobe Energie kann bei länger andauernder Belastung durch das entstehende Laktat jedoch zu einer Übersäuerung der Muskeln führen. Diese Form der Energiegewinnung kann vom Körper also nicht über längere Zeit aufrechterhalten werden. Beim aeroben Energiestoffwechsel hingegen verbraucht der Körper Sauerstoff beim Verbrennen von Kohlehydraten und Fetten, diese Form der Energiegewinnung ist ideal bei moderater körperlicher Belastung über längere Zeitspannen wie Dauerlauf oder gemächliches Schwimmen.

Ich selbst kann den Unterschied bei mir inzwischen klar erkennen, daran, wie mühsam oder leicht sich das Schwimmen anfühlt. Während der ersten Bahnen spüre ich eine Grenze, es ist, als hätte ich keine besonders großen Kraftreserven. Sobald ich etwas Tempo aufnehme, geht der Puls hoch, aber was meine Energie angeht, spüre ich keinen wirklichen Rückhalt, als wäre ich nicht mehr im Training. Nach fünf oder sechs Bahnen löst sich das Gefühl auf, meine Kräfte scheinen endlos, jede weitere Bahn fällt mir leicht, und es scheint keinen Unterschied zu machen, ob ich noch fünf, zehn oder fünfzehn Bahnen zurücklege. Das körperliche Bewusstsein rückt in den Hintergrund, dann tritt er ein, dieser losgelöste Zustand, wenn das Schwimmen meditativ wird und ich wie durch ein anderes Universum schwebe.

Für mich gibt es auch beim Schreiben, im übertragenen Sinne, diese beiden unterschiedlichen Phasen des Energiestoffwechsels. Die erste Etappe, die *anaerobe*, wenn jeder Satz, der nicht gleich wieder gelöscht werden muss, eine Errungenschaft ist, wenn mit zusammengebissenen Zähnen nachgedacht wird und ich hartnäckig dem Reflex widerstehe, vom Schreibtisch zu flüchten, um mir einen Tee zu kochen oder ein Browserfenster zu öffnen und News zu lesen, als wäre das eine Lösung und die Arbeit würde mir danach leichter von der Hand gehen (im Gegenteil). Auch wenn es anstrengend ist, muss ich weitermachen. Die zweite Etappe, die nach dem ersten Durchhalten folgt, ist wie eine Belohnung. Auf einmal stellt sich die langersehnte Gleichmäßigkeit ein, die Sprache ist mir auf einmal wohlgesinnt wie sonst das Wasser, sie trägt mich, und ich komme voran, das ist die *aerobe* Phase, in der die Sätze endlich beginnen zu fließen und das Schreiben auf einmal doch keine Last mehr ist. Zeile hängt sich an Zeile, Absatz an Absatz, Seite an Seite, wie ich im Becken Bahn für Bahn schwimme, noch eine und noch eine, und die Energiereserven wie durch ein Wunder unerschöpflich werden, im Gegenteil, sogar noch zu wachsen scheinen.

Im Roman *Das Erwachen* von Kate Chopin, der 1899 erstmals erschien und rückblickend als einer der frühen Romane der Frauenbewegung gelesen wird, der aber nach Chopins Tod 1904 erst einmal schnell vergessen war und erst Jahrzehnte später wiederentdeckt wurde, in diesem Roman erzählt die amerikanische Autorin von Edna Pontellier: Ehefrau und Mutter in New Orleans, die während eines Sommerurlaubs am Golf von Mexiko mit ihrem Mann und ihren zwei Söhnen das Schwimmen lernt – und sich in einen anderen Mann verliebt. Diese Erfahrung, sich frei und leicht im Wasser zu bewegen, ist einer der ersten Momente ihres Erwachens und eröffnet Edna eine neue Perspektive auf ihre Situation, auf ihr Dasein als Ehefrau, von den damaligen gesellschaftlichen Idealen eingeengt und unterdrückt, und auf ihre Möglichkeiten, sich darin neu zu verorten, die Möglichkeit eines anderen Lebens.

»Ein Gefühl des Frohlockens ergriff sie, als sei ihr eine Fähigkeit von bedeutender Tragweite verliehen worden, die es ihr gestattete, die Bewegungen ihres Körpers und die Regungen ihrer Seele zu beherrschen. Sie wurde wagemutig und leichtsinnig, sie überschätzte ihre Kraft. Sie wollte weit hinausschwimmen, so weit, wie noch keine Frau zuvor hinausgeschwommen war.«

Neben den existenziellen Fragen, denen Edna sich stellen muss, wer sie eigentlich sein will und sein kann, ob es für sie Selbstbestimmtheit geben kann jenseits der Zuschreibungen der Gesellschaft, erzählt diese Szene im Meer auch von der Schönheit des Schwimmens. In dieser Passage klingt für mich wieder das Faszinierende und Erfüllende an, für einen Moment zu wissen, am absolut denkbar besten Ort zu sein.

»Während sie schwamm, schien sie nach dem grenzenlosen Raum zu greifen, um sich darin zu verlieren.«

Damals, als Chopins Roman erschien, wurde er von der Kritik mit starker Ablehnung aufgenommen. Die Heldin wurde als unmoralisch und egoistisch empfunden. Eine Frau und Mutter, die nach erfüllender Liebe sucht und dazu noch ihren Mann und ihre Kinder verlässt. »*Das Erwachen* ist die traurige Geschichte einer Dame, die tun wollte, wonach ihr der Sinn stand«, war 1899 in *The Nation* zu lesen; »ein schädliches, ein ungesundes Buch«, hieß es unter anderem. Der Roman galt als Skandal. Mit einiger Genugtuung – nach heutigem Empfinden lässt sich eigentlich fast sagen Häme – wurde festgestellt, dass die Geschichte ihrer Heldin kein glückliches Ende bescherte. Sogar öffentliche Bibliotheken nahmen ihn nicht ins Sortiment auf. Der Verleger zog seine Zusage für einen weiteren, eigentlich geplanten Erzählband von Kate Chopin zurück, kaum vorzustellen, wie die Autorin sich damals gefühlt haben muss. Bis zu ihrem viel zu frühen Tod 1904 schrieb und veröffentlichte sie nur noch wenig. Sie war ihrer Zeit voraus gewesen und hatte dafür einen hohen Preis zahlen müssen.

1953 wurde der Roman von einem französischen Verlag entdeckt, übersetzt und vom Publikum mit großem Interesse aufgenommen, was wiederum in den USA wahrgenommen wurde, wo Chopins Roman schließlich 1964 neu aufgelegt und für Jahrzehnte zu einem der meist diskutierten und in Schulen und Universitäten oft behandelten Werke wurde. Chopin hatte bereits Ende des 19. Jahrhunderts von der *Neuen Frau* erzählt, Jahrzehnte bevor dieser moderne, ungebundene Frauentypus in Magazinen, Literatur und Film populär wurde, unter anderem in Romanen oder Storys von Irmgard Keun, Vicki Baum und Dorothy Parker oder aus der Perspektive einer Schwarzen Frau in den Klassikern von Nella Larsen, *Quicksand* und *Passing* (in deutscher Übersetzung *Seitenwechsel*, übrigens seit 2021 in der berührenden Verfilmung von Regisseurin Rebecca Hall bei Netflix zu sehen).

Am Schluss von Chopins Roman, nach unglücklichen Liebschaften und der Trennung von ihrem Mann, kehrt Edna zurück an den Golf von Mexiko und geht noch einmal schwimmen. Diese letzte Szene wird als eine Andeutung gelesen, dass Edna den befreienden Ausweg darin sieht, ihrem Leben im Meer ein Ende zu setzen, die Heldin beschließt weit und immer weiter hinauszuschwimmen, dem Gefühl zum Trotz, dass ihre Kräfte schwinden. Doch wenn ich den Roman heute lese, lässt sich das Ende für mich offener und vor allem weniger hoffnungslos deuten; Edna kehrt zurück zum Ozean, taucht noch einmal in das Element, in dem ihr Erwachen in jenem besonderen Sommer, als sie das Schwimmen lernte, begann. Diese Szene lässt sich auch als Wiedergeburt verstehen, als Neuanfang. Als ich vor einiger Zeit wieder in den Roman hineinlas, musste ich an die Frage der Ausdauer denken, an den Energiestoffwechsel beim Schwimmen, der mich nicht nur an meinen Schreibprozess erinnerte, sondern auch ein Bild für Ednas Leben sein kann. Anspannung und Ausdauer, *anaerob* und *aerob*. So betrachtet gleitet Edna Pontellier für mich tatsächlich von einem Energiezustand in den anderen: Ihr Leben als Ehefrau und Mutter ist für sie die nur kurzzeitig funktionierende Anstrengungsphase, in der sich die eigenen Kräfte schon bald endlich anfühlen, die *anaerobe* Phase, die für niemanden ein Dauerzustand sein kann. Doch die Schwimmerin, sie wird über die lange Strecke den *aeroben* Zustand erreichen, Energiegewinnung durch Sauerstoff, ungeahnte Reserven an Kräften werden sich freisetzen, und auch wenn sie sich zwischendurch erschöpft fühlt, wird sie herausfinden, dass sie über einen Vorrat an Ausdauer verfügt, der größer ist, als sie ahnt, sie wird sich dabei selbst überraschen. Wo auch immer Edna Pontellier hinschwimmt, hinaus aus der bestehenden Gesellschaftsordnung, in meiner Vorstellung wird sie durchhalten und ankommen, wo sie ankommen möchte, weil sie eine gute Schwimmerin ist.

WERTSCHÄTZUNG

Schwimmbäder sind fast nie profitabel. Sie sind ein soziales Angebot in Städten und Regionen für das Gemeinwohl, für Kinder und Erwachsene, Alte und Junge, Sportliche und Unsportliche. Sie bieten eine Möglichkeit für die Freizeitgestaltung, für Bewegung, Gesundheit, Erholung und Entspannung. Sie sind Orte des sozialen Miteinanders, bringen unterschiedliche Menschen zusammen. Für viele von uns sind sie mit Erinnerungen verbunden, Erinnerungen an erste Schwimmversuche im Hallenbad während der Kindheit oder lange Sommernachmittage im Freibad während der Jugend, erste Flirtversuche, Überwindung von Ängsten beim Tauchen oder beim Sprung vom Drei- oder Fünfmeterturm, erholsame Auszeiten in anstrengenden Lebensphasen, um sich physisch und geistig zu stärken.

Die kanadische, in New York lebende Autorin, Grafikerin und Illustratorin Leanne Shapton schreibt in ihrem wunderschön aufgemachten Buch *Bahnen ziehen* – sie war Leistungsschwimmerin und in der Auswahl für das olympische Team – über die verschiedenen Dimensionen, die der Sport für sie hat. Dabei widmet sie den Badeanzügen ihres Lebens ein ganzes Kapitel mit Fotografien und Texten.

Als ich diese Seiten das erste Mal durchblätterte, wurden sofort meine eigenen Erinnerungen geweckt, und im Rückblick erscheinen die Erlebnisse beim Schwimmen, die Orte, an denen ich geschwommen bin, und was ich damals dabei getragen habe, was die Badebekleidung mit mir zu tun hatte, wie kleine biografische Meilensteine. Der erste Bikini, den ich mir mit sechs Jahren selbst ausgesucht hatte, auf den ich so stolz war, rot mit weißen Punkten. Der dunkelblaue Arena-Badeanzug mit den Seitenstreifen, den ich mit sieben Jahren bekam, auf den meine Mutter das Seepferdchen- und das Bronzeabzeichen nähte, den ich so lange trug, bis das Gewebe hoffnungslos ausgeleiert war. Der knapp sitzende hellblaue Badeanzug von C&A, den ich mit 14 einen Freibadsommer lang trug, die damals scheinbar endlose Ferienzeit in der Kleinstadt, als Teenagergrüppchen über die vertrockneten Rasenflächen verteilt auf ihren Decken lagen, Eis aßen und sich gegenseitig aus sicherer Entfernung interessiert und verstohlen beäugten. Diesen Badeanzug mochte ich damals besonders, weil er mit seinen zarten Bändchen von hinten aussah wie ein Bikini. Der schlichte schwarze Badeanzug, den ich mit 15, fast 16 auf einer sommerlichen Klassenreise dabeihatte, mit dem ich mir ungemein erwachsen und elegant vorkam. Der rot-weiße Retro-Bikini im Stil der 1960er-Jahre, den ich mit 19 Jahren trug, in den Sommern, wenn wir nachts an einer geeigneten Stelle über den Zaun des Freibads kletterten, nur schemenhaft die anderen über den Rasen zum Becken huschen sahen, die schwarzen hohen Tannen im Hintergrund, und das Platschen und Johlen aus der Dunkelheit heraus hörten. Und schließlich der hellblaue Badeanzug mit der leichten Raffung an der Taille, den ich nach der Schwangerschaft trug, wenn ich mit dem acht oder neun Monate alten Kind zum Babyschwimmen ging, um mich danach über seinen tiefen, erschöpften und zufriedenen Mittagsschlaf zu freuen.

Schwimmen zu können, das wird auch in dem Zusammenhang wieder klar, ist mehr als eine Bewegungsform im Wasser, mehr als eine Sportart, es ist etwas Komplexes, es hat mit Kindheit und Erwachsenwerden, mit Freundschaften, Familie und anderen Beziehungen, mit Zugehörigkeit und Lebensfreude, mit der Erkundung von Orten und den eigenen Gedankenwelten zu tun. Schwimmen zu können, sprich all diese Erfahrungen sammeln zu dürfen, ist ein Privileg. Es mag etwas pathetisch klingen, aber je genauer man sich mit den sozialen Bedingungen beschäftigt, desto deutlicher wird es: Die Fähigkeit des Schwimmens zu erlangen und Zugang zu einem Schwimmbad zu haben, das ist sowohl historisch als auch gegenwärtig betrachtet nicht so selbstverständlich, wie es im ersten Moment erscheint.

Nach einer repräsentativen Umfrage 2017 meldete die DLRG, dass zu viele Kinder zwischen sechs und zehn Jahren nicht sicher schwimmen könnten, rund 60 Prozent dieser Altersgruppe. Die Gründe dafür wären vielfältig, so der Verband. Zum einen läge es daran, dass Schwimmunterricht an Grundschulen nicht mehr verbindlich angeboten werden könne, den Ergebnissen der Umfrage nach hätten nur noch 27 Prozent der Kinder während der ersten vier Schuljahre schwimmen gelernt. Zum anderen hinge das Problem mit einer Zunahme von Bäderschließungen zusammen. Fast 25 Prozent der Schulen hätten kein Schwimmbad mehr in der nahen Umgebung. »Wer Bäder schließt, um Kosten zu sparen, handelt fahrlässig und verantwortungslos«, sagte DLRG-Präsident Achim Haag dazu.

Schwimmen rettet Leben, und darin, wiederum, liegt Freiheit.

Wer darf schwimmen lernen und wer nicht? Wem bietet sich die Möglichkeit, ein Hallenbad zu besuchen und wem nicht? Wer kann sich die Eintrittspreise leisten und wer nicht? Mit jeder Frage wird deutlicher, wie politisch das Thema ist. Angefangen beim Angebot an Bädern in einer Stadt oder einer ländlichen Region und den finanziellen Mitteln, die eine Region für ihre Schwimmbäder bereithalten kann und will. Viele Bäder in Deutschland wurden während der 1960er- und 1970er-Jahre gebaut, doch viele von ihnen sind mittlerweile in keinem guten Zustand mehr. Laut DLRG haben seit dem Jahr 2000 im Schnitt 80 Bäder pro Jahr ihre Türen geschlossen.

Neben den Sanierungs- und Instandhaltungskosten kommen die hohen Betriebskosten für Personal, Wasser und Energie hinzu. Viele Kommunen, die chronisch unterfinanziert sind, kommen da an ihre Grenzen. Manche Städte oder Regionen haben durch Initiativen aus der Bevölkerung und alternative Konzepte, wie Gründungen einer GmbH oder eines Trägervereins, ihr Schwimmbad vor der Schließung gerettet.

Die Frage, wer schwimmt und wer nicht, führt weiter zur Höhe der Eintrittspreise, dazu, welche Ermäßigungen angeboten werden und welche Zuschüsse es von Sozialämtern gibt, um möglichst vielen Menschen unabhängig von ihrem Einkommen die Teilhabe zu ermöglichen. Alles zusammen ergibt ein feines Geflecht, das empfindlich auf politische und soziale Veränderungen reagiert.

Seit Herbst 2022 sind es die gestiegenen Energiepreise durch den russischen Angriffskrieg auf die Ukraine, die viele Städte und Kommunen zur Schließung oder zumindest zu einem reduzierten Betrieb ihrer Bäder zwangen. Ein anderes Problem zeichnete sich besonders deutlich während der Pandemie ab: Viele Einrichtungen hatten mit Personalmangel zu kämpfen. Das wiederum wirkte sich auf das Angebot an Schwimmkursen aus. Gemessen daran, wie schnell Kurse ausgebucht sind und wie lang die Wartezeit ist, könnte das Angebot in vielen Regionen ausgebaut werden. Doch es bleibt eine Frage der personellen Kapazitäten.

2019 brachte die DLRG eine Petition nach Berlin mit rund 120 000 Unterschriften für einen »bundesweiten Masterplan« mit der Forderung, Schwimmbäder zu retten, zu sanieren und eine nachhaltige Finanzierung zu sichern. Im November 2020 wurde das »Projekt Bäderleben« online gestellt, *baederleben.de* ist eine öffentlich zugängliche Datenbank, die den Bäderbestand in Deutschland dokumentiert, eine Zusammenarbeit der

Hochschule Koblenz, der Bäderallianz Deutschland, der DLRG und weiterer Partner; nebenbei ein gutes Recherchemittel, um sich in anderen Städten und Regionen auf der Suche nach einem Hallenbad in der Nähe schnell zu orientieren.

Im Sommer 2022 verkündete Bundesbauministerin Klara Geywitz, dass finanzielle Mittel auch für den Erhalt von Schwimmbädern bereitgestellt würden. Das Bundesprogramm »Sanierung kommunaler Einrichtungen in den Bereichen Sport, Jugend und Kultur« sieht eine Summe von 476 Millionen Euro vor, um klimagerechte Sanierungen von Sportstätten, zu denen auch Schwimmbäder gehören, zu fördern. Mit diesem Programm sollen Kommunen unterstützt werden, um den Sanierungsstau in den Griff zu bekommen und Sportstätten klimafester im Umgang mit Ressourcen wie Energie und Wasser zu machen.

Veränderungen durch politische und ökonomische Entscheidungen haben auch vor meinem utopischen Sehnsuchtsort, den Hampstead Heath Ponds, nicht haltgemacht. Im Sommer 2020 beschloss die Stadtverwaltung von London, den Zugang zu den Teichen neu zu organisieren. Von nun an wurde verbindlich Eintritt verlangt, man konnte sich sein Ticket ausschließlich online im Vorhinein buchen. Dieser Schritt hatte zum einen mit der Pandemie zu tun. Wie in vielen Schwimmbädern wollte man mit einem Buchungssystem die Anzahl der Leute koordinieren, um das Infektionsrisiko niedrig zu halten. Doch mit dieser Veränderung wurde zugleich ein hoher Ticketpreis eingeführt. Gut vier Pfund Eintritt muss man nun für einen Besuch zahlen, unter anderem wird auch eine Jahreskarte für 132 Pfund angeboten. Seit 2005 war zwar freundlich um Eintrittsgelder gebeten worden, aber als freiwillige Spende. In einer Stadt wie London, in der das Leben so überaus teuer ist, hatten die Teiche bis zum Sommer 2020 wie ein geschütztes Fleckchen Utopie gewirkt.

Die *Kenwood Ladies' Pond Association*, eine Gemeinschaft aus mehreren Hundert Mitgliedern, und die *Highgate Men's Pond Association* haben die hohen Preise gleichermaßen kritisiert und Klage eingereicht, doch bislang ohne Erfolg. Auch in der Presse meldeten sich enttäuschte und verärgerte Stimmen. Viele Leute, die schon sehr lange in den Teichen schwimmen, seien durch die Eintrittspreise nun ausgeschlossen und hätten den Zugang zu einem vertrauten, geliebten Teil ihrer Stadt verloren. Das Recht auf Schwimmen in einem öffentlichen Teich müsse bestehen bleiben. Besonders hart träfe das, laut der Association, Menschen mit Behinderung und chronischen psychischen und physischen Leiden, für die das Schwimmen in den Ponds gesundheitlich existenziell war. Auf Protestfotos sieht man Leute der Association mit dem großen Banner *Swim for Health*.

In Anbetracht der Krisen, mit denen so viele Menschen es gerade zu tun haben, der Inflation, der enorm gestiegenen Energiepreise, der damit verbundenen drohenden Arbeitslosigkeit aufgrund des wirtschaftlichen Drucks, der weiterhin steigenden Mieten, um nur einige Probleme zu benennen, wirkt diese Entscheidung der Stadt London geradezu hartherzig.

Der Zauber der Teiche lag zu einem großen Teil darin, dass sie frei zugänglich waren, dass dort die unterschiedlichsten Leute aufeinandertrafen und gemeinsam schwimmen gehen konnten. »Der Teich ist so viel mehr als ein Gewässer. Er ist ein unvergleichlicher Ort, eine Geisteshaltung, ein Garten Eden, in dem für einige wertvolle Stunden der Rest der Welt in den Hintergrund rückt. Wollen wir ernsthaft behaupten, dass London, eine der wohlhabendsten Städte der Welt, es sich nicht mehr leisten kann, die Teiche umsonst und frei zugänglich für alle zu halten? Wird das so weitergehen? Wenn ja, dann ohne mich«, schrieb die Journalistin Siam Goorwich im Sommer 2022 in der Wochenzeitschrift *The Spectator* über ihre Ernüchterung.

Die Geschichte der Hampstead Heath Ponds zeigt wieder: Es gibt diese magischen Orte nicht von allein; eine Gesellschaft, eine Stadt, eine Region, Institutionen, die es in der Hand haben, müssen auf diese Orte achtgeben. Traditionen und Rituale, insbesondere wenn sie mit unserem Gemeinwohl und den für uns alle notwendigen sozialen Begegnungen zu tun haben, tragen eine Gesellschaft und können sie in Krisenzeiten zusammenhalten, das hat auch mit Wertschätzung zu tun, die den Menschen damit entgegengebracht wird. Eine Stadt oder eine Kommune, die sich gut um ihre Hallenbäder und Freibäder, Teiche und Seen kümmert und den Zugang so niedrigschwellig wie möglich gestaltet, drückt den Menschen gegenüber diese Wertschätzung aus.

TEILHABE

Im *New Yorker*-Magazin erschien 1964 die Kurzgeschichte *The Swimmer* von John Cheever, in der es um einen Mann geht, Ned Merrill, der an einem sommerlichen Sonntagnachmittag im Garten bei Freunden, ein Glas Gin in der Hand, beschließt, den Heimweg über die diversen Swimmingpools seiner Nachbarschaft zurückzulegen, sozusagen nach Hause zu schwimmen.

Als ich das erste Mal von dieser Geschichte hörte, dachte ich sofort, was für eine schöne Idee, nicht nur erzählerisch, ja, das auch, aber generell: das Vorhaben, den gewohnten Weg zu verlassen und sich durch die Schwimmbecken der anderen Leute fortzubewegen, sich kurz das Recht zu nehmen, überall einmal einzutauchen, schwimmend die Nachbarschaft zu durchmessen, allen kurz Hallo zu sagen und weiterzuziehen.

Die Geschichte beginnt mit sommerlicher Leichtigkeit, aber diese Stimmung bekommt mit jeder weiteren Pool-Episode und den damit verbundenen Begegnungen nach und nach Risse und Brüche. Ned wird nicht in jedem Garten herzlich empfangen, Geschichten von

Frauen, mit denen er Affären hatte, und unbezahlten Schulden deuten sich an, auch das Mitleid und Getuschel der anderen schimmert durch. Schließlich schlägt noch das Wetter um, auf einmal wird es herbstlich, Regen und Sturm ziehen auf, und als Ned schließlich frierend und erschöpft sein eigenes Haus erreicht, wirkt es verwahrlost und steht leer. Verzweifelt klopft er an die verschlossene Tür.

Cheevers Kurzgeschichte, die einige Jahre nach Erscheinen mit Burt Lancaster in der Hauptrolle verfilmt wurde, zerpflückt nach und nach die von Konsum- und Aufstiegsidealen geprägte Gesellschaft der amerikanischen weißen Mittelschicht. Zu jedem Haus gehört ein privater Pool, einer größer und moderner als der nächste, und sonntagnachmittags sitzt man im Garten mit dem trägen, satten Gefühl, *schon wieder* zu viel getrunken zu haben. Neds Reise durch die Gärten dieser Gesellschaft erzählt von den strahlenden Fassaden, von Wohlstand, Komfort und Zukunftsversprechen, und legt die verborgenen Brüche, den Überfluss, das Scheitern, die Lebenslügen nach und nach frei.

Beim Lesen musste ich an die Poolbilder von David Hockney denken, besonders an *A bigger Splash*; auf dem Bild aus dem Jahr 1967 sieht man den leuchtend blauen Himmel und den ebenso makellos himmelblauen Pool, im Hintergrund ein damals moderner Bungalow und ein leerer Stuhl, das Wasser im Pool spritzt auf, jemand muss gerade hineingesprungen sein, die Person selbst aber ist nicht zu sehen. Alles sieht strahlend aus, aber da ist auch eine gewisse Leere, ein Geheimnis, die Stimmung auf dem Bild lässt sich unterschiedlich deuten.

In vielen Romanen, Short Storys und Filmen steht ein Pool auf ambivalente Weise im Mittelpunkt, die Figuren und Geschichten versammeln sich um diesen Pool, das türkis schimmernde Becken verspricht etwas Verheißungsvolles und Mondänes, kann aber auch von Einsamkeit, Trauma und ungelösten Konflikten erzählen, und dann. Dann treibt der große Gatsby am Ende tot im türkis schimmernden Wasser. Und in *Die oberen Zehntausend* zeigt Grace Kelly in der Rolle der wohlhabenden Tracy Samantha Lord, wie leer und sinnlos sich ein Tag am Pool anfühlen kann. In *Der Swimmingpool* mit Romy Schneider und Alain Delon aus dem Jahr 1969 wird der verflossene Liebhaber der Frau von ihrem Ehemann eines Nachts dort ertränkt, wo zuvor alle zusammen noch die sommerliche Party gefeiert hatten. Am Pool entladen sich die zwischenmenschlichen Dramen. In der bekannten AMC-Serie *Breaking Bad* steigt Skyler, die Ehefrau von Walter, dem ehemaligen Chemielehrer, der zum Crystal-Meth-Produzenten wurde, eines Abends vollständig bekleidet und wortlos in den Pool und taucht stoisch unter, um dem unbeherrschbaren Chaos der vielfachen Verbrechen, der Lebensgefahr, der Schuldgefühle, die der Drogenhandel ihres Mannes und ihre Komplizenschaft über die Familie gebracht haben, für einen Moment zu entkommen.

Bei einem Blick auf die Gesellschaft der USA der 1960er-Jahre, die Zeit von John Cheevers Schwimmer, wird deutlich, dass soziale Fragen und Konflikte der Zeit selbstverständlich nicht vor dem überschaubaren Bereich des Schwimmbads haltmachen. Auch in dem Zusammenhang geht es um Zugehörigkeit und Ausgrenzung. Wer verfügte über einen eigenen Pool? Wer war auf die öffentlichen Schwimmbäder angewiesen? Und wie setzte sich das Publikum dort zusammen? Wem wurde der Zugang erschwert oder verwehrt?

Im März 2022 wurde in Philadelphia die Ausstellung *Pool: A Social History of Segregation* eröffnet, die sich mit der US-amerikanischen Geschichte der Trennung nach Hautfarbe in öffentlichen Schwimmbädern beschäftigt. Zwischen Mitte des 19. Jahrhunderts und Anfang des 20. Jahrhunderts waren öffentliche Bäder vor allem als Badehäuser für Körperpflege und Gesundheit gedacht, Menschen jeglicher Herkunft trafen aufeinander. An einigen Tagen war für die Frauen, an anderen für die Männer geöffnet. Doch während der 1920er-Jahre, als mehr und mehr Haushalte über ein eigenes Bad verfügten, wandelten sich Schwimmbäder zunehmend zu einem Freizeitort. Während dieser Jahre begann die Trennung nach Hautfarbe. In den Südstaaten geschah das durch Gesetze, in den übrigen Bundesstaaten gab es zwar keine gesetzliche Trennung, aber andere Faktoren sorgten für Ausgrenzung und Benachteiligung: Entscheidungen darüber, in welchen Wohngegenden öffentliche Pools gebaut wurden und in welchen nicht. Zudem wurden Schwarze durch willkürliche Regeln, Beschimpfungen und Einschüchterung aus den öffentlichen Schwimmbädern verdrängt. Die Folgen sind heute noch sichtbar, erzählt die Kuratorin der Ausstellung, Victoria Prizzia. Das Denkmuster »Schwimmen ist nicht für uns« hält sich bis heute hartnäckig, wie in einem Artikel der *New York Times* bestätigt wird, der sich sowohl mit der Ausstellung als auch mit aktuellen Zahlen befasst. In den Vereinigten Staaten haben Schwarze Kinder noch immer ein überdurchschnittlich hohes Risiko zu ertrinken. Landesweit zeigt sich, dass die Gefahr unter Jugendlichen of Colour etwa sechs bis acht Mal höher ist als unter weißen Jugendlichen. 69 Prozent der Kinder of Colour haben wenig bis keine Schwimmkenntnisse, verglichen mit 42 Prozent der weißen Kinder. Die Ausstellung macht außerdem einen aufschlussreichen Exkurs nach Westafrika, wo die Kultur des Schwimmens und Tauchens eine lange Tradition hatte, bevor sie in Europa während des 18. und 19. Jahrhunderts erst nach und nach populär wurde. »Die Geschichte des Wassers ist zugleich die Geschichte sozialer Gerechtigkeit«, fasst Kuratorin Victoria Prizzia in einem Artikel im britischen *Guardian* zusammen.

Die ersten Hinweise auf schwimmende Menschen wurden übrigens in der Sahara entdeckt; auf dem Gif-el-Kebir-Plateau im südwestlichen Ägypten befindet sich die »Höhle der Schwimmer«, mit Malereien von schwimmenden Figuren, die nach Schätzungen der Wissenschaft zwischen 4000 und 9000 Jahre alt sind.

In Europa verschwand im Mittelalter die während der griechischen und römischen Antike gepflegte Badekultur gänzlich und wurde erst im Laufe des 18. Jahrhunderts wiederbelebt. 1798 veröffentlichte der Pädagoge Johann Christoph Friedrich GutsMuths das *Kleine Lehrbuch der Schwimmkunst zum Selbstunterricht*, es gilt als die erste Schwimmschule deutscher Sprache. Von Sportarten wie Rudern, Fußball oder Schwimmen waren Frauen jedoch ausgeschlossen, während des 19. Jahrhunderts – des Biedermeiers und des Viktorianischen Zeitalters – galt es für Frauen als geradezu unschicklich, sich sportlich zu engagieren und den eigenen Körper zu trainieren. Zwar nahmen sie an der gegen Ende des Jahrhunderts aufkommenden Badekultur teil, aber das mit aufwändiger Bekleidung, Hosen, Überkleidern, sogar Schuhen, sodass ein wenig Bewegung im Wasser möglich war, aber kein Schwimmsport.

Das änderte sich erst Anfang des 20. Jahrhunderts. Die Pionierinnen des Schwimmens wurden damals auch *Swimming Suffragists* – Schwimmende Suffragetten – genannt, denn ihr Engagement für das Recht auf Sport, auch auf Mitgliedschaft in Vereinen, eigene Wettkämpfe und Teilnahme an den Olympischen Spielen fiel mit dem Kampf der Frauen um das Wahlrecht zusammen.

»Es gibt eine direkte Verbindung zwischen dem Wahlrecht und anderen Rechten für Frauen, einen Zusammenhang zwischen der Teilnahme an Wahlen und dem Kampf für die Gleichberechtigung beim Schwimmen«, schreibt Jenny Landreth in ihrem Buch *Swell: A Waterbiography* über die Geschichte des Frauenschwimmens. »Um Zugang zum Sport zu bekommen, hatten Frauen die gleichen Konventionen und kulturellen Rollenbilder zu bekämpfen wie sonst im sozialen Alltag.« Und auch als Frauen 1912 zu Wettkämpfen der Olympischen Spiele zugelassen wurden, hatte das auf die allgemeinen Normen und Regeln wenig Einfluss.

1914 wurde die Verbindung zwischen Schwimmen und Wählen auf einer Demonstration im Londoner Hyde Park besonders deutlich: Eine Gruppe engagierter Frauen organisierte eine Protestaktion, die Frauen standen nebeneinander am Ufer des Sees im Hyde Park, alle trugen dunkle Kleider, jede mit jeweils einem Buchstaben auf dem Oberteil, was zusammen das Wort *S-U-F-F-R-A-G-E* ergab. Zeitgleich entledigten sie sich ihrer Kleider, unter denen sie die damals gerade neu aufgekommenen, schmal geschnittenen Badeanzüge trugen, und sprangen ins Wasser. Die Aktion wurde damals als zutiefst skandalöse Provokation empfunden; im Rückblick zeigt sich, dass eine Gesellschaft gewisse Provokationen offenbar manchmal braucht, wenn sachlich vorgetragene Argumente nicht gehört werden und sich politisch nichts bewegt.

1920 wurde in den USA das Frauenwahlrecht in der Verfassung verankert, 1928 in Großbritannien (ab 1918 hatte es einen ersten Schritt in die Richtung gegeben, indem Frauen über 30 Jahren mit Grundbesitz das Wahlrecht bekamen), in Deutschland galt es seit 1918. Politische Freiheit und die Selbstbestimmtheit über den Körper, das zeigen diese Entwicklungen wieder, sind für Frauen eng miteinander verbunden. In Hampstead Heath war es übrigens das Jahr 1893, in dem der Men's Pond offiziell seine Pforten öffnete, der Ladies' Pond folgte erst gut 30 Jahre später, 1926.

Eine wahre Pionierin des Frauenschwimmens war die Australierin Annette Kellerman, 1905 schwamm sie bei einem Wettkampf in Paris mit, gegen 16 männliche Konkurrenten, und erreichte zusammen mit Thomas Burgess als Erste das Ziel. Sie war es auch, die den ersten praktischen, einteiligen Badeanzug für Frauen entwarf. (Übrigens galt in Südaustralien das Frauenwahlrecht seit 1894, damit war es das erste Land weltweit.) Ihr Leben wurde 1952 unter dem Titel *Million Dollar Mermaid* verfilmt.

1917 gründete die US-Amerikanerin Charlotte Epstein in New York die *Women's Swimming Association*, um sich dafür einzusetzen, dass Frauen im Schwimmsport endlich gesellschaftlich akzeptiert wurden, und um über die gesundheitlichen Vorteile des Schwimmens aufzuklären, denn damals überwog die Annahme, Sport wäre für Frauen generell nicht gesundheitsfördernd.

Ethelda Bleibtrey und Charlotte Boyle, beide Wettkampfschwimmerinnen in den Vereinigten Staaten, wurden 1919 an einem Strand von Manhattan für »nude swimming« verhaftet, unbekleidetes Schwimmen, weil sie ihre Strümpfe abgelegt hatten, während sie dabei aber die damals gerade erfundenen Ganzkörperschwimmanzüge trugen, als sie ins Wasser gingen. Ihre Verhaftung sorgte für öffentliche Empörung, was zur Folge hatte, dass die Bekleidungsregeln für Frauen beim Schwimmen endlich den erforderlichen Bedingungen angepasst, sprich vereinfacht wurden.

1926 durchschwamm die zwanzigjährige US-Amerikanerin Gertrude Ederle als erste Frau den Ärmelkanal, sie brauchte 14 Stunden und 32 Minuten und übertraf damit den Weltrekordhalter um ganze 2 Stunden.

Im späten 19. und frühen 20. Jahrhundert breitete sich auch in Deutschland die Kultur der Badeanstalten aus, ähnlich wie in den USA ging es dabei ursprünglich um Körperpflege und Gesundheit, viele Wohnungen waren damals nicht mit Wasseranschluss und eigenem Bad ausgestattet, vor allem die schlechten Wohnbedingungen der Arbeiterklasse wurden ein immer drängenderes politisches Thema. 1902 gründete sich die *Deutsche Gesellschaft für Volksbäder* und trieb den Bau von Badehäusern weiter voran. Viele dieser Jugendstil-Schwimmbäder existieren noch heute, zu ihnen gehören unter anderem das Müller'sche Volksbad in München, das Holthusenbad in Hamburg, das Stadtbad Berlin Neukölln, das Herschelbad in Mannheim oder eines der ältesten, das 1869 erbaute Johannisbad in Zwickau.

Doch noch einmal zurück zu Cheevers Schwimmer und dem Statussymbol des Privatpools, das sich fast wie eine Antwort der aufstrebenden Mittelschicht auf die Kultur der öffentlichen Schwimmbäder liest. Ein Zeichen des Rückzugs in die komfortable Privatheit. Cheevers Schwimmer, der anfangs so gut gelaunte und selbstgewisse Ned, wird auf der Odyssee durch die privaten Pools seines Viertels mit seinen Irrtümern und Schwächen konfrontiert.

Als ich die Geschichte vor Kurzem noch einmal las, wurden für mich neue Zusammenhänge sichtbar, die mit der Frage der Nachhaltigkeit privater Pools zu tun haben. Heute, da der Klimawandel zu den drängendsten Herausforderungen gehört, kann der Privatpool zu einer Frage des Gewissens werden. Auch zeigt die Realität, dass er nicht mehr so privat ist, sprich allein den individuellen Entscheidungen unterliegt, wie es in der Vergangenheit der Fall war. In den vergangenen Jahren erlebten in Europa unter anderem Italien, Frankreich, Spanien und Griechenland im Sommer Rekordtemperaturen, in einigen Regionen verbunden mit Wassermangel. Den eigenen Pool zu füllen für das private Vergnügen kam in betroffenen Gegenden zeitweise nicht mehr infrage, Wasser wurde rationiert, und seine Verwendung unterlag regionalen Vorschriften. Hitzeperioden während der Sommermonate werden auch in Zukunft zur Realität gehören. In Regionen, in denen Trockenheit und Hitze das Leben bestimmen und der Wasserverbrauch dem existenziellen Bedarf vorbehalten bleibt, verwandelt sich der private Pool von einem Symbol der Leichtigkeit in eines, das von den Konsequenzen unseres Konsumverhaltens erzählt. Ein staubiger, leerer Pool, der daran erinnert, dass die Ressourcen des Planeten endlich sind. Zugleich aber stieg während der Jahre 2020 und 2021 laut der ASOFAP, des Spanischen Berufsverbands der Schwimmbadbranche, sowohl in Spanien als auch in Frankreich die Anzahl der neu angeschafften Pools deutlich an, was dem allgemeinen Pandemietrend, das eigene Zuhause aufzuwerten, entsprach.

Vor diesem Hintergrund kommt mir *The Swimmer* sehr zeitgemäß vor. Die Wiederbegegnung mit John Cheevers gebrochenem Held brachte mich dazu, weiter über diesen Komplex nachzudenken, Schwimmen, Klimakrise und Gemeinwohl. Welche Rolle öffentliche Bäder in Zukunft spielen werden und können, habe ich mich dabei gefragt. In überhitzten Städten und Regionen zum Beispiel werden leicht erreichbare Freibäder für die Menschen wichtiger denn je werden. Das betonte zum Beispiel der Vize-Bürgermeister von Long Beach im September 2021, als es um finanzielle Mittel für öffentliche Bäder ging, und bezog sich besonders auf jene Gegenden mit durchschnittlich niedrigeren Einkommen.

Wichtig wäre für die Zukunft, dass Schwimmbäder so ökonomisch wie möglich mit Ressourcen wie Wasser und Energie umgehen. Eine ideale Entwicklung wäre in meinen Augen eine Gesellschaft mit für Kinder und Erwachsene gleichermaßen attraktiven, nachhaltig betriebenen Schwimmbädern. Im Idealfall ist das Schwimmbad ein so schöner Ort, dass ein Urlaubsgefühl entsteht und sich die Frage stellt: Warum noch all-inclusive buchen, um in einem Hotel drei oder vier Flugstunden entfernt am Pool in der Sonne zu liegen?

In Island ist dieses Ideal Normalität. Dort gibt es im weltweiten Vergleich pro Kopf die meisten Schwimmbäder (was auch damit zusammenhängt, dass Island die Ressourcen Wasser und geothermische Energie großzügig zur Verfügung hat). Die *New York Times* stellte dazu die These auf, dass mit der hohen Schwimmbaddichte auch die oft zitierte Zufriedenheit der Menschen in Island zusammenhinge (es gehört im World Happiness Report seit Jahren zu den Top Five der Länder mit der größten Lebenszufriedenheit): »Jede isländische Stadt, egal wie klein, hat ihren eigenen Pool. Es gibt baufällige Rechtecke aus Zement, die unter Regenwolken in der mit Schafen übersäten Steppe hocken. Es gibt schicke Wasserkomplexe mit stufenartig gebauten Whirlpools und abenteuerlichen Wasserrutschen von der Art, wie die prozesssüchtige amerikanische Kultur es niemals zulassen würde. Diese öffentlichen Schwimmbäder sind das gemeinschaftliche Herz Islands, geradezu heilige Orte, deren Allgegenwärtigkeit und Bezahlbarkeit als eine Art Bürgerrecht gesehen wird. Familien, Teenager und ältere Menschen entspannen und plaudern dort jeden Tag, Sommer wie Winter.«

Es gibt vereinzelt Schwimmbäder in Deutschland, die von den Kommunen so finanziert werden, dass der Eintritt grundsätzlich kostenlos sein kann, zum Beispiel das Freibad in Niederwinkling in Niederbayern, das mit Solarenergie geheizt wird. Viele Landkreise und Städte bieten Kindern und Jugendlichen in den Sommerferien kostenlosen Eintritt in ihre Bäder, ein Modell, das besonders Familien mit niedrigen Einkommen oder jenen, die von Armut betroffen sind, die Teilhabe sichert. (Nach einer Untersuchung der Bertelsmann Stiftung wuchs 2020 jedes fünfte Kind in Deutschland in Armut auf.) Ein weiteres kleines, aber schönes Beispiel für die ideale Verbindung von Kreativität und Gemeinwohl findet sich in Essen. Das »Werksschwimmbad« befindet sich auf dem Gelände der Kokerei Zollverein, eine der stillgelegten Zechen, die in Kulturorte umgewandelt worden sind. 2001 von den Künstlern Dirk Paschke und Daniel

Milohnić angelegt, steht es sinnbildhaft für den Strukturwandel im Ruhrgebiet. Planschen und Baden in unmittelbarer Nähe zu den Koksöfen, zu Betriebszeiten war das noch undenkbar. Ein zwölf mal fünf Meter großes Becken, das türkis leuchtend inmitten der Koksofenbatterie platziert ist. Badepersonal ist anwesend, und der Eintritt ist frei. Das kleine Schwimmbecken zeigt, wie aus strukturellen Veränderungen und kreativen, gemeinnützigen Ideen etwas Neues entstehen kann.

In Brüssel hat die Initiative *Pool is cool* in den heißen Sommerwochen ein Pop-up-Freibad aufgebaut, das nach Anmeldung kostenlos genutzt werden kann, eine Aktion, die durch Crowdfunding finanziert wurde und zudem ein politischer Wink sein soll, da es in der Metropole seit gut 40 Jahren kein Freibad mehr gibt. Auch in Wien wurde im Sommer 2020 ein Projekt umgesetzt, ein Pop-up-Pool mitten in der Stadt, ein Begegnungsort, an dem Menschen sich während der Hitzewochen kurz erfrischen konnten.

Geschichten dieser Art und meine Liebe zum Schwimmen lassen mich daher losträumen, von einer Zukunft mit modern ausgestatteten, architektonisch ansprechenden und ökologisch nachhaltigen Schwimmbädern, mit Neueröffnungen, mit kreativ gestalteten Projekten, mit Förderung aus der Wirtschaft, wenn die Kommunen es allein nicht schaffen, mit kleinen und großen Bädern, wo sich Jung und Alt erholen können, wo das Miteinander jeden Tag neu belebt wird.

ORTSERKUNDUNGEN

Im vergangenen Sommer fuhren wir ins Louisiana Museum of Modern Art in Humlebæk, einige Kilometer von Kopenhagen entfernt. Wie meistens hatte ich ein Handtuch und einen Badeanzug eingepackt, inzwischen habe ich es mir zur Gewohnheit gemacht, daran zu denken, für alle Fälle, solange es nicht ungemütlich kalt ist, stürmt oder schneit. So auch an jenem bewölkten, aber warmen Nachmittag, als wir uns die Figuren von Alberto Giacometti, die aktuelle Ausstellung mit Arbeiten von Alex Da Corte, die Skulpturen im Garten und die Architektur des Museums ansahen, zu dem auch ein Café gehört, auf einem Hang mit perfekt gepflegtem Rasen. Von der Terrasse auf einem Hügel blickt man über die Ostsee und auf einen langen Badesteg, der mir sofort ins Auge fiel, eine schlichte, graue Konstruktion aus Metall.

Im Garten vor dem Café stand die Installation *As Long as the Sun Lasts* von Alex Da Corte, ein mehrere Meter hohes Mobile mit einer Mondsichel, auf der ein dicker blauer Vogel sitzt, der an die Figuren aus der Sesamstraße erinnert, insbesondere an Bibo. Das Kunstwerk, das für die Dachterrasse des Metropolitan Museum of Art in New York entworfen wurde, war ein Magnet für Kinder und stand als Leihgabe im Garten des Louisiana Museums.

Vom Garten selbst führt zwar ein Tor zum Sandweg am Strand, aber es ist verschlossen, wir mussten, nachdem wir uns alles angeschaut hatten, außen herumgehen, um zum Wasser zu kommen.

Das zusammengerollte Handtuch mit Badeanzug im Arm ging ich den schmalen Weg zwischen den Hagebuttenbüschen den Hang hinunter zum Strand. Zwei Frauen in Bademänteln kamen mir entgegen, sie hatten nasse Haare, unterhielten sich auf Dänisch, sie schienen auf dem Heimweg zu sein. Wahrscheinlich wohnten sie nicht weit von hier, das Museum liegt in einer Gegend mit verkehrsruhigen Straßen, die gesäumt sind von Einfamilienhäusern. Einige von ihnen ansehnliche Villen, deren Gärten bis zum Wasser reichen – mit privaten Badestegen, wie ich mir später auf der Karte angesehen habe. Der öffentliche Küstenstreifen unterhalb des Museums ist kein breiter, einladender Badestrand, sondern besteht aus einem schmalen Pfad entlang eines steinigen Ufers. Von dort kommt man zu dem breiten, metallisch grau schimmernden Steg, durch dessen Mitte sich eine Bank zieht, auf der man Kleidung und Badetücher ablegen kann.

Ich mag Badestege, sie haben für mich immer etwas Einladendes. Dort begegnen sich Menschen, die das Schwimmen lieben und es miteinander teilen. Ein Steg mit einer Leiter führt direkt zu der bestmöglichen Stelle, um sofort eintauchen und losschwimmen zu können. Badestege sind schon von Weitem wie Markierungen, ein aufmunternder Zuruf: *Komm her, hier ist eine gute Badestelle, eine wirklich gute, andere haben das schon für dich erprobt, du kannst direkt loslegen!* Ein Badesteg vermittelt Sicherheit, zugleich Abenteuer. Auch wenn man dort allein ist, fühlt man sich nicht wirklich einsam, weil andere schon vorher dort gewesen sind und wieder sein werden.

Unter einem Baum schlüpfte ich schnell in meinen Badeanzug, kurz darauf ging ich über den Steg zur Leiter und stieg ins Wasser. Es war wie gewohnt nicht besonders warm, aber es kostete mich keine Überwindung. Ich stieß mich ab und schwamm die ersten Züge.

Da war vor allem diese Stille, durch die sich der Moment wieder auf magische Weise dehnte. Außer mir war niemand im Wasser, auch wehte nicht das kleinste bisschen Wind, die Ostsee war glatt. Der Himmel und das Wasser gingen farblich ineinander über, ein sanftes Grau. Die Welt um mich herum wirkte wie weichgezeichnet. Ein gutes Stück entfernt trieb ein Boot, darin saß ein Mann mit einer Angel, er trug eine orangefarbene wetterfeste Jacke, sie leuchtete vor dem grauen Horizont. Die Konturen des Mannes und des Bootes setzten sich scharf und filigran vom Horizont ab. Er wirkte fast wie eine kunstvolle Skulptur, wie er so still und unbeweglich in seinem Boot saß und auf das Wasser blickte.

Ich schwamm in dieses milchige Grau hinein, für einen Moment öffnete sich alles, anders lässt es sich nicht beschreiben, ich war ganz und gar *hier*. Der Elementwechsel war so deutlich spürbar, das Wasser nahm mich auf, ich war leicht und fühlte mich auf besondere, beglückende Weise mit der Umgebung verbunden. Zugleich staunte ich über diese neue Perspektive, sodass ich zwischendurch immer wieder anhielt, auf der Stelle paddelte und mich zum Ufer umdrehte. Wie aus weiter Entfernung, als würde ich in eine andere Welt hineinblicken, sah ich den grünen Hang des Museumsgarten, die Menschen, die vor dem Café saßen, die Kinder auf dem Rasen und das große bunte Mobile mit dem blauen Vogel, der auf seiner Mondsichel saß und in meine Richtung blickte. Gegenüber, am Horizont konnte ich die schwedische Küste sehen, Helsingborg lag nur wenige Kilometer von hier entfernt.

Während ich ein Stück weiterschwamm, spürte ich leichte Berührungen am Bein, erst jetzt bemerkte ich, dass an einigen Stellen Algen am Grund wuchsen. Wie schmale, dunkle Seile streckten sie sich vom sandigen Boden der Wasseroberfläche entgegen, zart und anmutig sahen sie aus.

Ich nahm alles in mich auf und konnte kaum genug bekommen, schwamm wieder ein Stück weiter raus, das Boot mit dem Angler trieb immer noch auf der stillen Oberfläche, ich drehte mich noch einmal um, wechselte die Richtung, schob den Moment, den Steg anzusteuern und aus dem Wasser zu steigen, immer weiter hinaus, wie um jede Facette, jeden Millimeter, jedes Detail dieses Moments, der Umgebung und meines Gefühls, hier zu sein, zu erkunden.

Durch das Schwimmen hatte sich mir der Nachmittag im Museum auf besondere Weise eingeprägt. Für mich ist das Schwimmen wie eine weitere, eine intensive Ortserkundung. Etwas, das in Erinnerung bleiben wird, als einer dieser kleinen biografischen Meilensteine. Der Sommer 2022, konzentriert auf einen Moment.

Es gibt einige Bäder und Buchten, in denen ich gern einmal schwimmen würde. Eine Art Wunschliste, die sich ständig weiterentwickelt, durch Interessen, Fotos, Erzählungen, Sehnsüchte und Projektionen. Ich mag solche Listen, sie haben etwas Verheißungsvolles, sie sind wie vage Zukunftspläne, die sich aber nicht um jeden Preis erfüllen müssen. Zu dieser Liste gehören:

Der Ladies' Pond in Hampstead Heath, der mir schon so vertraut ist, weil ich so viel über ihn gelesen habe, über die Geschichten der Menschen, die dort geschwommen sind, an einem kalten Wintertag, an einem ersten Frühlingsmorgen, an einem drückenden Sommernachmittag, an einem milden ersten Herbstabend.

Eine Reise durch Island zu den unterschiedlichen Pools, den kleinen Betonbecken und den größeren Thermalbädern, allen voran The Blue Lagoon.

Das Piscine Joséphine Baker in Paris, ein auf der Seine schwimmendes Badeschiff, am liebsten würde ich dort frühmorgens schwimmen, wenn es noch nicht allzu voll ist.

Das Yrjönkatu-Hallenbad im Zentrums Helsinkis, Finnlands älteste öffentliche Schwimmhalle, eröffnet 1928, ein klassizistischer Bau mit meterhohen Decken und Säulen.

Das Ribersborgs-Kaltbadehaus in Malmö, wo ich gern einmal im Winter schwimmen würde, dort geht man erst in die Sauna, dann ins Meer. Das Bad aus dem Jahr 1898 steht auf Holzpfählen und wurde direkt ins Wasser gebaut, es gibt mit Holz befeuerte Whirlpools, Sauna und Dampfbad, von den Stegen führen an mehreren Stellen Leitern direkt ins Wasser.

Die Leça-da-Palmeira-Pools in Portugal aus den 1960er-Jahren, entworfen von Architekt Álvaro Siza Vieira, die Schwimmbecken sind direkt am Atlantik in die Felsenlandschaft gebaut.

Die Orkneyinseln im Norden Schottlands, Waulkmill Bay, eine kleine Gezeitenbucht mit weißem Sand im Südwesten von Mainland Orkney, wo das Wasser in hellem Türkis leuchtet, zwischen weitem Moorland und dem Loch of Kirbister; und Tresness, ein langer, schmaler Streifen aus Dünen und Strand auf Sanday, der kleinen, weit nördlich gelegenen Insel der Orkneys.

Das ist ein Auszug aus meiner Wunschliste, sie ist eine über längere Zeit entstandene Sammlung, wie eine Kiste mit Muscheln, Steinen oder anderen Kleinigkeiten, die einem selbst etwas bedeuten, für andere aber durcheinander und beliebig wirken, wie es mit diesen gesammelten Schätzen meistens ist. Diese Liste verbindet Gelesenes und Gehörtes, Geschichten von Menschen, die ich kenne, Historisches, Fernweh, Erwartungen und Neugier.

Doch diese Liste ist für mich etwas anderes als die spontanen Ortserkundungen und die überraschenden Schwimmerlebnisse, durch die sich für mich neue Perspektiven öffnen und die mir, ohne dass ich genau erklären könnte, warum, so stark in Erinnerung bleiben. Diese Erlebnisse hängen nicht von spektakulären Bädern oder Buchten ab, nicht von Attraktionen, die man gesehen haben muss. Im Gegenteil, diese unverhofft beeindruckenden Schwimmerfahrungen gehen für mich aus scheinbar beiläufigen, nicht planbaren Momenten und Ausflügen hervor. Wie das Bad nach dem Besuch im Louisiana Museum, wo aus diesem weichen Grau die orange Jacke des Anglers hervorleuchtete und gleich dahinter Schweden so unglaublich nah erschien. Oder dieser erste Ausflug zum Felsenbecken hinter dem Leuchtturm auf Bornholm, wo die Kinder und Jugendlichen den kleinen Sprungturm belagerten, mir das kalte Wasser über die Beine strich und tief am Grund die schwarzgrünen Algen auf wohlige Weise unheimlich waren.

Vor Lesereisen packe ich den Badeanzug ein, denn auch da ergibt sich manchmal eine Gelegenheit, wenn ich an einem Hallenbad vorbeikomme, in einer Stadt, in der ich noch nie gewesen bin und niemanden kenne. Dann gehe ich dort schwimmen.

Es sind vor allem die Kleinigkeiten, die mir im Gedächtnis bleiben, diese vermeintlich unscheinbaren Eigenheiten einer Umgebung, die sich mir beim Schwimmen offenbaren. Das Wasser stellt besondere Verbindungen her, zum Umfeld, zu anderen Menschen, zur Gegenwart, zu allen diesen Dimensionen, die einen Ort ausmachen.

DAS GEHEIMNIS

Wasser ist H_2O, zwei Teile Wasserstoff, ein Teil Sauerstoff. Aber da ist noch etwas Drittes, das erst macht es zu Wasser, und niemand weiß, was dieses Etwas ist.«

Was also kann dieses vermeintlich unergründbare Dritte sein, das die Faszination von Wasser ausmacht, wie D. H. Lawrence es in seinem Gedicht ausdrückt? Lässt sich die Frage überhaupt beantworten? Was findet man heraus, wenn man sich immer wieder auf die Spur begibt, beim Schwimmen im Meer, in einem See oder Fluss, im Hallenbad oder Pool unter freiem Himmel?

Eine der schönsten Schwimmszenen entdeckte ich in einem Roman, der 2022 in deutscher Übersetzung erschien, *Über die See* von Mariette Navarro, in dem es um die Besatzung eines Frachters und seine Kapitänin geht. Eines Tages wünschen die Männer sich, im offenen Meer schwimmen zu dürfen, und sie erlaubt es ihnen, geht vor Anker, lässt die Männer über ein Rettungsboot hinunter zum Wasser, sieht ihnen dabei zu, wie sie wie Kinder eintauchen und losschwimmen.

»Jeder hat sein gut gehütetes Bild von Freiheit, jeder erlebt seinen eigenen Schock im neuen Element. Unter ihren Augenlidern ziehen Landschaften vorbei, Schulferien, Ebenen, die so weitläufig sind, dass sie urzeitlich wirken, Regengüsse, Fahrradrennen bei glühender Hitze, winzige, in den Felsen versteckte Häuser, Sonnenblumen- und Rapsfelder, Strände, Gewürze, Baumhäuser. Ihre Gesichter sind verzückt, gelöst, die Körper krümmen sich vor Wonne. Und jedem offenbart sich, dass in seiner Sprache das Meer das Meer ist und der Ozean mächtig.«

In dieser Passage spielt sich innerhalb weniger Zeilen diese große, breite Vielfalt der Eindrücke und Empfindungen ab, die das Schwimmen auslöst und die für jeden Menschen ganz und gar unterschiedliche sind. Ist dieses *magische Dritte*, das Wasser erst zu diesem geliebten, faszinierenden, unheimlichen und schönen Element macht, vielleicht eher wie eine Variable, die sich je nach Situation, Empfinden und Lebenslage verändert? Variablen, die mit unserer jeweiligen Perspektive zu tun haben?

Variablen, die so vieles sein können. Eine Vielzahl von Erfahrungen und Eindrücken, die mit dem Schwimmen verbunden sind.

Da wäre für mich dieses Glücksgefühl, morgens, im Sommer, gleich nach dem Aufstehen zum Strand zu gehen, ins Wasser zu tauchen und die erste Runde zu schwimmen. Das Gefühl dieses ersten Eintauchens könnte sie für mich sein, diese magische dritte Zutat. Dieses Erlebnis, das zugleich mit einer vagen Zukunftssehnsucht verbunden ist, wenn ich mir dabei vorstelle, an einer Küste zu leben und an vielen Tagen morgens zu schwimmen, bei Sonne und Regen, sommers wie winters, immer an derselben Stelle, bis ins hohe Alter.

Oder – die erste geschwommene Bahn an einem Tag im Mai, wenn das Freibad nach der Winterpause gerade wieder geöffnet hat. Der Sommer steht noch bevor. Ein Gefühl von Erneuerung, auch das kann das magische Dritte sein.

Oder – das wehmütige Schwimmen zwischen Spätsommer und Herbst, wenige Leute sind im Wasser, die ersten gelben und braunen Blätter treiben im Becken, über allem liegt weiche Sonnenwärme, kurz bevor das Freibad für die Wintermonate schließt.

Oder – die immer wieder beeindruckende Erfahrung, erschöpft, überfordert und zerstreut von zu vielen unerledigten Alltagsdingen, Sorgen und Aufgaben ins Wasser zu steigen, 1000 oder 2000 Meter zu schwimmen und nach diesen Bahnen wie neugeboren und erfüllt von Energie aus dem Becken zu steigen. Diese Verwandlung, von einem Zustand der Müdigkeit in einen der Zuversicht. Das Wunder, sich nach 1000 Metern Schwimmen den Aufgaben des Lebens wieder gewachsen zu fühlen.

Oder – dieser Zustand der inneren Ruhe, der sich nach mehreren Bahnen gleichmäßigen Schwimmens einstellt, diese Mischung aus Kraft und Leichtigkeit, die zeigt, wie wunderbar sich der Elementwechsel – von Luft zu Wasser – immer wieder anfühlt.

Oder auch – die Freude, wenn mir auf einmal mein Vater begegnet, lebendig und verjüngt, wie zu jener Zeit, als er mir das Schwimmen beibrachte.

Oder – das friedliche Miteinander im Freibad, wenn ich manchmal bewusst auf die Älteren achte, die langsam durch das Wasser gleiten, die manchmal genervte Blicke von den sportlichen Kraulern ernten, welche *eine* Bahn als *ihre* Bahn ansehen. Dann lächle ich den Älteren zu und denke daran, welche Anstrengung es manche Menschen kosten kann, die Schwimmsachen einzupacken, zum Hallenbad zu fahren, sich durch schmerzende Knochen und Erschöpfung nicht den Mut nehmen zu lassen. Ich lächle ihnen zu und denke daran, dass ich eines Tages selbst diese langsame Schwimmerin sein werde.

Oder vielleicht – diese Welle von Energie, die mich durchläuft, bei den ersten Zügen im kalten Ostseewasser an einem späten Oktobertag, Neoprensocken an den Füßen, eine Mütze auf dem Kopf. Dabei wieder die Sehnsucht, an der Küste zu leben und auch die Wintertage schwimmend zu beginnen, ohne Überwindung, weil der Körper es so gewohnt ist.

Oder aber – das Erstaunen, dass ein und dieselbe Bucht immer wieder anders aussehen kann. Das transparente Hellblau, wenn der Himmel wolkenlos ist. Das milchige Grau, wenn eine helle Wolkendecke sich im Meer spiegelt. Das schwarzgrüne Dunkel, wenn die Brandung das Wasser aufwühlt. Die Stille und Glattheit der See, wenn es windstill ist, das sanfte Plätschern kleiner Wellen bei leichter Brise.

Oder – auf einer Reise den Badeanzug aus der Handtasche zu holen, spontan in das sanfte Graublau zu tauchen und dabei herauszufinden, was die Umgebung von sich preisgibt.

Doch vielleicht gibt es etwas, das alle diese Erlebnisse, Eindrücke und Momente miteinander verbindet, das die Faszination und das Glück des Schwimmens grundsätzlich ausmacht. Vielleicht besteht dieses Glück darin, dass für einen Moment alles im Einklang ist, der Ort, die Zeit und man selbst. Dieser äußerst seltene Zustand. Damals in der Felsenbucht auf Bornholm habe ich das zum ersten Mal ganz bewusst gespürt. Welche Kraft dieses Zusammenspiel hat. Auch wenn ich da noch keine Erklärung für dieses Gefühl hatte, war es das, weshalb mir das Erlebnis bis heute so stark in Erinnerung geblieben ist und weshalb diese kleine Felsenbucht mit dem Sprungturm für mich immer auch ein Sehnsuchtsort bleiben wird.

Vielleicht kann das eine mögliche Antwort auf die Frage nach dem Dritten sein, dem unergründlichen *Etwas*. Im Element Wasser entsteht diese ideale Verbindung, die sich oft im Tempo des Alltags nicht so leicht einstellt. Ganz und gar verbunden zu sein, mit dem Ort und dem Moment. Ein unvermitteltes Bewusstsein, hier und jetzt genau richtig zu sein, erfüllt von Dankbarkeit und Zufriedenheit. Wie oft sehnen wir uns nach genau dieser Einheit.

Doch auch das kann für mich nur eine weitere Annäherung an das Geheimnis sein. Die Glücksformel des

Wassers bleibt unergründlich, denn sie verändert sich ständig, setzt sich für alle, die schwimmen, immer wieder neu zusammen. Und genau das macht sie so wirkungsvoll. Sie besteht aus feinsten Elementen, die mit unserer eigenen Perspektive zu tun haben. Alles, was die Schönheit des Schwimmens ausmacht, bleibt in Bewegung, wie das Wasser selbst.

LITERATUR UND QUELLENNACHWEISE

DIMENSIONEN

D. H. Lawrence: »The Third Thing«, in: *Pansies, Poems*, 1929. Auszug übersetzt von Kristine Bilkau.

D. H. Lawrence: *Liebende Frauen*, 1920, Neuauflage z. B. Manesse, 2002.

ERNEUERUNG

Maxine Kumin: »Morning Swim«, Copyright © 1965 by Maxine Kumin, in: *Selected Poems 1960–1990*, Mit Genehmigung von W. W. Norton & Company, Inc.

MITEINANDER

Esther Freud: »Cold Shocks and Mud Beards«, in: Deborah Moggach (Hrsg.): *At the Pond. Swimming at the Hampstead Ladies' Pond*, Daunt Books, 2019, S. 9. Auszug übersetzt von Kristine Bilkau.

Nell Frizzell: »The Lifeguard's Perspective«, in: Deborah Moggach (Hrsg.): *At the Pond. Swimming at the Hampstead Ladies' Pond*, Daunt Books, 2019.

Deborah Levy: *Ein eigenes Haus*, Hoffmann und Campe, 2021.

Patrick McLennan und Samuel Smith: *The Ponds*, Dokumentarfilm, 2018.

DIESE SCHRECKLICH SCHÖNE KÄLTE

Matt Fuchs: *Are ice-cold showers good for you? I tried it for two months*, *Washington Post*, 10. März 2022.

Sarah Gingell: *How Cold Water Swimming Improves Stress Management*, *Psychology Today*, 15. Januar 2019.

VERWANDLUNGEN

Ian Derry: *Atem anhalten: Die Eistaucherin*, Dokumentation, 2022.

François Ozon: *Ricky*, Spielfilm, 2009.

Alexandra Rojkov: *Wie eine Frau unter dem Eis Heilung und Frieden findet*, *GEO adventure* No 1, 15. März 2018.

Rose Tremain: »Moth«, in: *The Darkness of Wallis Simpson*, Chatto & Windus, 2005.

AUSDAUER, SCHWIMMEN, SCHREIBEN

Kate Chopin: *Das Erwachen*, Original 1899, übersetzt von Ingrid Rein, Insel Taschenbuch, 1997, S. 52.

Rebecca Hall: *Passing*, Spielfilm, 2021.

Nella Larsen: *Quicksand*, Erstausgabe 1928, W. W. Norton & Company; Critical Edition, 2019.

Nella Larsen: *Passing*, Erstausgabe 1929, Macmillan Collector's Library, 2020.

Nella Larsen: *Seitenwechsel*, Übersetzt von Adelheid Dormagen, Dörlemann, 2011.

Virginia Woolf: *The Diary Of Virginia Woolf*, Volume 3: 1925–1930, Mariner Books, 1981.

Die Rezension aus *The Nation* vom 3. August 1899 wurde u. a. zitiert in: Alice Hall Petry (Hrsg.): *Critical essays on Kate Chopin*, GK Hall, 1996.

WERTSCHÄTZUNG

DPA: *Nicht auf Kosten der Bäder sparen: DLRG-Petition zum Erhalt*, 25. September 2019.

DPA: *Lebensretter warnen vor Schwimmbäderschließung*, 14. August 2022.

Siam Goorwich: *Paradise lost: the decline and fall of Hampstead's ladies' pond, The Spectator*, 24. August 2022. Auszug übersetzt von Kristine Bilkau.

Amelia Hill: *Disabled swimmer loses legal challenge over London bathing pond ticket prices, The Guardian*, 23. Juni 2022.

Vivien Leue: *Auf dem Weg ins Nichtschwimmerland, Deutschlandfunk*, 2. September 2020.

Leanne Shapton: *Bahnen ziehen*, Suhrkamp, 2012.

Jessica Sturmberg: *Forsa-Umfrage: Schwimmfähigkeit unter Kindern nimmt ab, Deutschlandfunk*, 25. Juni 2017.

TEILHABE

John Cheever: *The Swimmer, The New Yorker*, 10. Juli 1964.

Jacques Deray: *Der Swimming Pool*, Spielfilm, 1969.

Vince Gilligan: *Breaking Bad*, TV-Serie, 2008–2013.

Johann Christoph Friedrich GutsMuths: *Kleines Lehrbuch der Schwimmkunst zum Selbstunterrichte*, Arete Verlag, 2013.

Dan Kois: *Iceland's Water Cure, The New York Times*, 19. April 2016. Auszug übersetzt von Kristine Bilkau.

Jenny Landreth: *Swell: A Waterbiography*, Bloomsbury Sport, 2017, S. 121. Auszug übersetzt von Kristine Bilkau.

Sarah Laskow: *The Surprising History of Swimming's Suffragists, Atlas Obscura*, 11. Mai 2018.

Mervyn LeRoy: *Million Dollar Mermaid*, biografischer Spielfilm, 1952.

Lisa Wong Macabasco: *›A story of social justice‹: a history of racial segregation and swimming, The Guardian*, 23. März 2022. Auszug übersetzt von Kristine Bilkau.

Frank Perry und Sydney Pollack: *Der Schwimmer*, Spielfilm, 1968.

Victoria Prizzia: *Pool. A Social History of Segregation*. Ausstellung in den Fairmount Water Works, Philadelphia, PA, USA. www.poolphl.com.

Campbell Robertson: *Swimming wasn't for us, The New York Times*, 4. Juli 2022.

Charles Walters: *Die oberen Zehntausend*, Filmmusical, 1956.

Jeff Wiltse: *Contested Waters: A Social History of Swimming Pools in America*, The University of North Carolina Press, 2007.

DAS GEHEIMNIS

Mariette Navarro: *Über die See*, © Verlag Antje Kunstmann Verlag GmbH, München 2022.

KRISTINE BILKAU, 1974 geboren, studierte Geschichte und Amerikanistik in Hamburg und New Orleans. Ihr erster Roman *Die Glücklichen* (2015) fand ein begeistertes Medienecho, wurde mit dem Franz-Tumler-Preis, dem Klaus-Michael-Kühne-Preis und dem Hamburger Förderpreis für Literatur ausgezeichnet und in mehrere Sprachen übersetzt. Es folgten weitere Romane, darunter *Nebenan*, mit dem Bilkau auf der Shortlist des Deutschen Buchpreises 2022 stand, und *Halbinsel*, für den sie 2025 mit dem Preis der Leipziger Buchmesse ausgezeichnet wurde. Kristine Bilkau lebt mit ihrer Familie in Hamburg.